ますだ　まさよし

さとり

人間は悟りでしか救からない

推薦文

村上和雄（筑波大学名誉教授）

この度、増田氏が自分の講話の記録を一冊の本にすると聞いて、大変うれしく思います。それは増田氏の言葉や文字の中に父母の信仰が息づいているからです。

私は教会に生まれ育ちました。若い頃、二代真柱様の「この道は世界助けの道である。道専務も結構だが、世界に羽ばたける者は世界助けのご用をしてほしい」といった意味のお言葉を聞いて、私はその意を酌んで科学の道を目指しました。この度の四月二十三日「二代真柱生誕百十年記念シンポジウム」にパネリストとしてお招きいただき、二代真柱様の大きな親心と広大な世界観をお話しできたことはこの上ない喜びでした。増田氏も私の父母の信仰を受け継ぎ、素直に通ってこられ、今日があり、その信仰の上にご自身の体験を生かされた話には説得力があります。

こうした本が出ることを楽しみにしていたのは私だけではないと思います。この本がまた、いろんな方を幸せにしてくれることは間違いありません。自信をもってこの本を推薦いたします。

立教百七十八年五月十日

まえがき

著者　増田正義（典日分教会三代会長）

本日は、真柱様をはじめ諸先生方にお入り込み頂き、「教祖百三十年祭」を目前にした三年千日の年祭活動の仕上げの旬に当教会の創立六十周年記念祭を開催させて頂きますこと、感無量でございます。

本日の記念に、何か心に残るものをと考えましたが、良い案も浮かばず、いたずらに時が過ぎていき、心は焦るばかりです。振り返ってみますと、突然の会長就任から八年の歳月が流れ、手探りの中「会報」を作ろうと思いつき、就任の次の年から祭典講話のまとめをもろもろの連絡や報告と共に載せさせて頂き、現在も続けさせて頂いております。そして今回その講話だけを抜き出してまとめたものがこの冊子です。身の程知らずは百も承知で、勢いだけで記念品として出版することにしました。

慌てて体裁を整えたもので、誤字脱字多々あると思います。また失礼な内容の箇所があるかもしれませんが、本日のめでたい席に免じてお許し頂き、ご笑納くださいませ。

立教百七十八年五月十日

目次

立教百七十六年（平成二十五年）

立教百七十七年（平成二十六年）

イラスト　増田　正一

立教百七十一年（平成二十年）

「事情・身上は親神様からの応用問題」春季大祭

今月二十六日は、教祖が人間の成人を急き込まれる上から、定命を二十五年お縮めになって現身をお隠しになられた縁の日であります。教祖が急き込まれる成人の姿とは、人間をお創りくださった親神様の思い（陽気に暮らす姿を見て共に楽しみたい）に添うことであります。おさしづに

陽気というは、皆んな勇ましてこそ、真の陽気という。めんめん楽しんで、後々の者苦しませるようでは、ほんとの陽気とは言えん。（M三十・十二・十一）

と仰せくださいますように、周りの人々の喜びを我が喜びに感じられるような生き方をすることが陽気ぐらしのコツです。

私には信仰の指針としているお話があります。それは青年時代に前の会長様(二代)から教えていただいた「陽気ぐらしの公式」という話です。「暮らしの中でお見せ頂く事情身上という親神様からの応用問題に対して、教祖のひながたという公式をつかって、銘々の悟

りという計算式を立てて答えを出しますが、その答えは喜びでなければ親神様、教祖には受け取ってもらえない」というお話でした。

陽気ぐらしをするためには、喜びの心は不可欠です。そしてそのよろこびという答えを出すためには銘々の悟りという計算式を立てる努力が肝心なのです。なぜなら、どんな辛い事情も、苦しい身上も皆、陽気ぐらしに導くための親神様の深く大きな親心からなのですから。

私は二十三年前に母を、七年前に妻を亡くして、本当に身をもって母の、妻の偉大さに気付かされました。特に妻に先立たれてからの七年間は母親の役を演じることで、母親の苦労とともに喜びを知りました。母親の喜びは正に無償の精神がもたらす喜びでした。子供の喜ぶ姿を見るためにはどんな苦労も厭わない。むしろ子供が喜んでくれるのなら喜んで我が身を犠牲にしようと思うようになりました。この喜びは父親にはない喜びでした。そしてこの無償の愛こそ真の喜びなのだと知りました。その喜びが教祖のひながたにありました。形の上ではご苦労でも教祖自身の心は子供のためにする苦労は喜びに満ち溢れていたのだと感じました。これは私にとって大発見でした。教祖の喜びに気付いた時、心の底から教祖の生き方は幸せだったんだと確信を持てました。この母親の喜びこそ教祖が伝えたかった陽気ぐらしにつながる真の喜びなのだと思いました。

「事情・身上は道の華」二月

先月の祭典講話で「事情や身上は親神様が一歩でも成人させてやりたいとの親心からお見せくださるものだから喜んで受けさせていただこう」と話しましたら、ありがたいことに早々に風邪の身上を頂戴しました。早速喜びの思案をと考えました。

症状は微熱と軽い咳。熱は「をもたりの命様」のご守護（人間身の内のヌクミ。世界では火の守護の理）の頂き過ぎです。逆に「くにとこたちの命様」のご守護（人間身の内の目潤い。世界では水の守護の理）を頂けない姿です。答えは直ぐ出ました。親神様のヌクミをはじめ多くの方からヌクミを頂きながらお礼の気持ちという潤いの心が足らなかったのだと反省させて頂きました。

数年前にも「痛風」の身上を頂戴しました。「痛風」は俗に贅沢病と言われます。食べ物の贅沢は考えられません。でも何かに贅沢しているのだと思いました。当時教鞭をとっていた私は、多くの学生さんに囲まれて心の贅沢をしていることに思い当たりました。そして病んだ部分が足なので足の思案もしてみました。満たされているという言葉に「満足」という言葉があります。足は体の中で一番低い所にあります。満たされていると感じるには、この足の位置のように低い心でなければ味わえないのだということを親神様はお知らせくださったのだと思いました。

また、十年近く前に「尿路結石」という身上も頂きました。レントゲンに大きな石が映っていました。その時の涙は激痛に始まり、悔し涙、そして最後は懺悔の涙に変わっていきました。その懺悔とは、かわいい子供にこんな激痛を与えなければならない親の残念は如何ほどかという思いに至った時、痛みは消え、レントゲンから見事に結石は消えていました。最初、自分の痛みにばかり気を取られ、親の思いに気付けませんでした。正に親心を悟る試練でした。

このように何度も身上を通してお仕込みいただき、何とか少しずつでも成人の道を歩ませて頂けることはこの上ない喜びであります。先人の先生が「事情・身上は道の華」と教えてくださっております。事情や身上を頂いたら、成人の華を咲かせるチャンスをお与え頂いたのです。

これからも成人の鈍い私ですから、まだまだ事情身上を頂戴すると思いますが、そのたびに「また成人の華を咲かせるチャンスを頂いたのだ」と喜んで受けさせて頂こうと思います。

「縦の伝道の重要性」三月

今月は春の霊祭を執り行う例の月であります。私たちにはそれぞれ多くのご先祖様たちがおられ、その霊様たちのお陰で今日の結構な姿をお見せ頂いています。

初代・二代の村上家の信仰は百年を数えますが、私三代会長の増田家の信仰は浅く、昭和三十一年四月一日典日分教会設立及び会長就任奉告祭の日に始まります。

私は鹿児島の片田舎で生まれました。父母の夫婦間の事情からまず母一人で入信。その母が鹿児島から上京して来た折、最初に出会った法被姿の方がこの教会の役員さんで、教会設立の奉告祭の帰りだったというわけです。そして、その役員さんに連れて行かれたところが、初代会長の村上先生のお宅でした。

以後父も入信しますが、夫婦間の事情は治まらず、家族一緒に暮らすことなく、昭和三十三年父は鹿児島の地で一人寂しく出直していきました。それから母の本格的な信仰が始まり、私と姉は母の信仰に守られて育てられました。母は平生は温厚で優しい人でしたが、真っ直ぐな性格で、曲がったことが大嫌い。人に迷惑をかけるようなことをしようものなら烈火のごとく怒り、鬼になりました。とにかく芯の強い人でした。母は三十八歳で未亡人となりましたが、私たち子供のために再婚もせず、なりふり構わず必死で育ててくれました。そんな母の背中を見て育った私は、この母を泣かすようなことはできないと、小さい頃から思って育ちました。今となっては上手に育てられたなあと感心します。その母も六十八歳の冬に、教祖に手を引かれて出直していきました。母は子供を育てるため、生活苦の中泣き言一つ言わず、必死で生き抜いてくれました。そして、私たち子供たちに、貧しさの中にも心ひとつで味わえる陽気な世界があることを身をもって教えてくれました。これこそが母が私たち子供に残してくれた大きな財産です。そして、私にも四人の子供がおります。この子供たちにこの信仰の喜びを伝えることが責務だと思っています。

私たちは今、ご先祖様たちや親々の信仰のお陰で今日の幸せがあります。物に恵まれた現代社会。物に恵まれている分、心が貧しくなっているように思います。こんな世の中では、なかなかこの心の世界は伝えにくいと思いますが、いくら物に恵まれても、その物を喜ぶのは心の世界です。こんな世の中だからこそ、このお道の信仰が必要なのだと思います。

まだ先の見えない子供たちに、先を歩く私たち親が、今こそしっかりと幸せの鍵は心にあることを伝える努力をさせてもらいましょう。

「教祖のひながたに見る親心」教祖誕生祭

今月は教祖の二百十回目のご誕生（一七九八・四・十八）を祝う月です。教祖は人間創造の時のいざなみの命の御魂をもってこの世にお生まれになり、旬刻限の到来により月日のやしろとお定まりくださいました。そして、私たち人間が陽気に暮らせるようにと親神様の仰せのままに、自ら身をもって五十年のひながたをお残しくださいました。

真柱様は昨年の秋季大祭講話の中で教祖のひながたの捉え方を「形だけを受け継ぐというのでもなく、そこに込められた時代を超えた真実を酌み取り、生かして、今日の課題に立ち向かって頂きたい」と述べられました。大切なことは、お残し頂いたひながたの中にこもる親心を感じ取ることです。人類の母親としての親心です。母親とは我が子のために自分を犠牲にできるということであり、更に言えば、子供のために我が身を犠牲にできることを喜べる心です。

私は七年前に家内を亡くし、図らずも母親の役を演じることとなりました。母親の役を演じる中で母親の喜びを知りました。そして、その母親の喜びこそが、教祖がお残しくださったひながたの中にあることに気付いたのです。教祖のひながたは、ただひたすらかわいい子供である人間を喜ばせたい一条(ひとすじ)でありました。そのための、我々人間から見たご苦労の姿も、辛いなどという気持ちはみじんもなく、むしろそのご苦労を楽しんでおられるようにさえ思いました。私は母親の役を演じながら、ますます教祖が好きになり、教祖のようなお心(万人に使える親心)で生きていけたら、どんなにか幸せだろうと思いました。そして、このような生き方を目指すことこそ、ひながたを辿るということなのだと思いを新たにしました。

話は変わりますが、久しぶりに痛風の身上をいただきました。不思議なことに左足の激痛よりも右足が自由に動くことの方が嬉しくて、心勇んでおりました。また、足を引きづって歩く姿にいろんな方が「おさづけ」を取り次いでくださり、これも嬉しいことでした。突然の激痛から徐々に回復し十日ほどで全快しましたが、身上を通してマイナス面を不足するのでなく、その中にプラス面を見つけて喜べるようになった自分がとても嬉しく感じた身上でした。また自分の身上を通して周りの人たちの優しさや思いやりに触れて、喜びづくめの身上でありました。本当に心ひとつで喜べる世界があることを再確認した機会でした。

「緊張と意識」五月

無緊張や無意識という言葉がありますが、これは緊張がないとか意識がないという意味ではなく、それらの行動や意識の中に、無緊張の緊張、無意識の意識というものがあるというのです。例えば、新生児が寝返りをうち、這い這いをし、つかまり立ちをするようになります。この両足で立つという行為は、大変な緊張が必要なのだそうです。そしてその緊張を続けることで、いつの日か無緊張で立てるようになっていくらしいのです。でも無緊張で立てるようになったからと言って緊張していないわけではないというのです。このことは事故などで長い間ベッドの上で生活を余儀なくされた人が、久しぶりに歩こうとするとき、かなりの緊張を要することは、リハビリをしている姿から容易に想像ができます。事務仕事ばかりしていた人が、いきなり肉体労働をすると、体中が痛くてたまらなくなり、反対に、肉体労働ばかりしていた人が、ある日突然ネクタイを締めて事務を執ることになったら、たちまち頭が痛くなるでしょう。だからといって、途中でやめてしまうと、何も身に付かないし、人からの信頼もなくしてしまいます。

また私たちは、常に我が身のことばかり考えて、意識をせずに人に喜んでもらえるような言動をとることは難しいように思います。日常生活の中で、われわれの口から出る言葉は、意識しなければ、不平不満ばかりです。人に喜んでもらうような言葉かけや、行動は相手のことを意識していないとなかなかできるものではありません。無意識に出した自分の言葉に人は傷つき、人からさりげなく言われた言葉にうろたえる自分がいます。

教祖のひながたは、すべてが人のためであり、すべてが人への思いやりに満ちあふれていますが、私たちは、無緊張のまま、自然に仕事ができるようになったり、無意識に暮らしながら良い人になることは難しいように思われます。

緊張することを無緊張にするためには、少し自分に無理をすることです。意識しなければできないことを無意識にできるようにするには、少し自分に無理をすることです。無理とは、理が無いと書くから、そんなことはしても無駄だと解釈する人もいますが、私は少し無理をすることで、無理の無が取れて理ができるのではないかと思っています。理ができれば、どんな仕事も緊張せずにできるようになり、どんな人にも意識せず親切にできるようになると思います。無理の無を取る努力が、少しでも教祖に近付く歩みになるのではないでしょうか。

「教会の在り方」 六月

早いもので、真柱様ご夫妻にお入り込みいただいて勤めさせて頂いた「三代会長就任奉告祭」から一年が過ぎました。改めて思い出しながら身の引き締まる思いです。当日真柱様は「節から芽が出る」というお言葉を引用され「伸びるのも節からならば、折れるのも節からであります。今後この教会が伸びるか折れるかは、今日ご参拝の皆様方の胸次第、心次第で決まってくると申しても過言ではありません」と仰せになり、また「会長に就任したということは、親神様の思召しがあったからでありますが、会長として一日一日経験を重ねて信者さん方から一層信頼され、慕われる会長になって頂きたい」とお仕込みくださいました。そして一同に対して「どうか会長が代わって教会が萎んでいくということのないように、むしろ益々元気に勇んできたと自他共に言えるように、親神様の思召しにふさわしい教会の姿を目指して、心を揃えておつとめ頂きたい」と締め括られました。

思えば二年前、前の会長様と和雄先生（初代会長長男、筑波大学名誉教授）から突然三代会長のお声掛けを頂きましたが、あまりの重責に再三ご辞退申し上げましたが、私の拙本「ほっ」「こころ」の推薦文を書いてくださった和雄先生から「君の本を読ませてもらって父母の信仰をよく受け継いでいてくれていると感じた。村上家の長男として教会も継がずに勝手な願いだが、この教会を父母の精神を受け継いでいる君に継いでもらいたい」と勿体ないお言葉を頂きました。私もいつの日か教会へは何かの形で恩返しをしたいと考えておりましたので、お受けすることが恩返しになるのならばと、お受けすることにいたしました。でも正直申し上げて、私のような未熟者を会長にするなんて信者さん方もご本部も認められるはずもないと高を括っていました。ところが話が進みだすと心の整理をつける間もないほどの速さで決まっていき、とうとう昨年の三月に就任いたしました。当時一番驚いていたのは私自身でした。

そして戸惑いの日々の中、心落ち着いたのは奉告祭での真柱様からの「教会名称の理が末代であるように会長の理も末代である」というお言葉でした。会長が村上から増田に変わったということが問題ではなく、初代から二代へそして三代へと会長の理が受け継がれていくということが大事なことなのだと仰って頂いて、心治まりました。私の信仰の土台は、紛れもなく初代二代に仕込んで頂いたものなのですから。

そこで改めて教会の在り方を考えてみたいと「天理教辞典」を開いてみました。そこには「教会とは、神一条の理を伝えるところ。たすけ一条を取り次ぐところ。陽気ぐらしのひながた道場である」と書かれてありました。真柱様が仰せになる教会らしい教会とは、この三つを兼ね備えた教会のことを仰っているのだと思いました。これからも初代二代の信仰を基盤に、信者さん方とともに教会らしい教会を目指し頑張っていこうと思います。まずは人の集まる教会になりたい、温かい教会になりたい、明るい教会になりたいと思っています。教会の存在が信者さん方の心の拠り所になってもらえるよう頑張りたいと思っています。

話は変わりますが、教会の入り口に掲げた「こどもおぢばがえり」の看板ご覧頂けましたでしょうか。山口隆司さんの作品です。看板をこしらえるとき、最初にする作業は、白塗りから始めます。それは、下地が白でないと赤や青や黄色の鮮やかさが出ないからだそうです。仮に、白以外の色の上に、赤や青や黄色をのせても、濁ってそれぞれが持つ本来の鮮やかさは死んでしまうのだと言います。

私たちの心も同様、常に白くしておかないと、日々の生活の中で、お見せ頂く親神様のご守護を、鮮やかに受け取ることができないのではないでしょうか。常に心のほこりを払い、白くするよう心掛けたいものです。

「道具の使い方」七月

今年も「こどもおぢばがえり」の季節がやってきました。私はこの時期になるといつも思い出す話があります。それは以前「朝のおつとめ」という行事の中でお話しくださった前真柱様(三代)のお言葉です。「人を理解する時、その人の書いた文や使う言葉、生活態度を見てどんな人間なのか判断するでしょ。同じように自分自身を人に伝える時、自分の文字と言葉と行動を使って伝えますね。私たち人間は陽気ぐらしをするためにこの世に生まれてきました。そしてこの文字や言葉も陽気に暮らせるために、親神様がお与えくださった道具なのです。皆さんはこれらの道具を親神様が望まれるような使い方をしていますか。人を困らせるような使い方はしていませんか？　今まで使い方を少し間違えていたかもしれないと思う人は、今からでも遅くありません。自分の言葉や文字を使って人を喜ばせる努力をしてみてください」とお話しくださいました。子供たちにお話しくださった話ですが、わかりやすく実に深みのあるお言葉です。何気なく使っている言葉や文字が、陽気ぐらしをするために神様がお与えくださったものであることなど頭で十分理解していることでしたが、改めてこうして問われると、いかに使い方を間違えていたかを思い知らされたような気がしました。確かに一言の言葉や文字が人を生かしたり殺したりしていることを思うと、言葉や文字の果たす役割は大きいと再認識させられました。

また最近、会長になってから「理と情」ということを意識するようになりました。理は厳しいものです。この世の全ては理で成り立っています。理をはずしては何も生まれません。でも大きな事情や身上を頂いた時、理攻めの世界では息が詰まってしまいます。そこで優しい言葉や慰めの言葉という情が必要になってきます。こうした情があるから厳しい理もなんとか受け止められてきたのだと思います。理が種ならその種がしっかり育つように丹精する役割を担っているのが情だと思います。

教祖も、私たち人間に親神様の教えという理を伝えるために、どこまでも優しく温かい情を使ってお導きくださいました。だからこうして信仰が続いてきたのです。でも、あくまで大切なことは理です。理を貫くために情があります。人の話を理解してあげることは容易なことです。しかし、理解してあげるだけでは、最終的な解決にはなりません。解決するためには、現実から目を背けず、結果をどう受け止め、どう対処するかを見極めることが大切なことだと思うのです。解決する物事の基準は理です。そしてその理を受け止めるためには、冒頭でお話しした陽気ぐらしのためにお与え頂いた文字や言葉を上手に使う（情）ことが大切なことだと思いました。

「二つ一つ」八月

今月は世界中がオリンピック一色でした。テレビで見る選手の皆さんの姿は、堂々としていて一様に輝いて見えました。それはオリンピック代表という切符を手に入れた満足感と、今日までその目標に向かって頑張ってきたという自信から発するものでしょう。しかし、この目標達成の喜びを手に入れる裏には過酷な練習が強いられたことでしょう。その苛酷な練習を乗り越えた者だけが手に入れることのできる喜びだと思うのです。

考えてみれば、物事には必ず表と裏があります。表だけや裏だけで存在するものは一つもありません。この表と裏の二つが存在して初めて一つなのだと思うのです。よくプラス思考やマイナス思考なんて言葉を耳にしますが、プラス思考の人の周りにはプラスに感じることばかり多くて、マイナスに思える要素はないのかと言えばそうではないでしょう。またマイナス思考の人の周りにはマイナス材料しかないとは思えません。プラス材料やマイナス材料は人の周りにはきっと均等に存在しているのだと思います。もしこのプラス思考が幸せをもたらしているとするならば、その鍵は自分の周りに現れてくる出来事をいかにプラスに受け止められる力を持っているかということだと思うのです。

ただし、皮肉なことにこのプラス思考はマイナス思考の上に成り立っています。先程も表裏でお話ししましたように、プラスだけではプラスは見えません。プラスを感じるにはマイナスを知っているということが条件です。マイナスがあるからプラスが見えるのです。私たち人間は物事を認識する時、何かと比較しなければその存在を認識することができません。明るさを感じるには暗さを知っていることが条件です。優しさを知るには厳しさを、暖かさを知るには冷たさを知っていることが条件です。明るいだけ、優しいだけ、暖かいだけで良いと思っても、この明るさも優しさも暖かさも、暗さ厳しさ冷たさを、知っていなければ感じることができないのです。いくら裏の世界を嫌っても、表の世界を支えているのは、この裏の世界なのです。そう考えると、本当の意味で表の世界に生きるということは、裏の世界に蓋をすることではなく、裏の存在を認めることなのです。

私たち信仰者には「陽気ぐらし」という大きな目標があります。その目標を達成するためには、辛い身上や厳しい事情は不可欠なのです。そこから逃げていたのでは本当の喜びは見えてこないのです。その辛い厳しい身上や事情があるからこそ真の陽気ぐらしを感じることができるのです。この世のすべてがこの「二つ一つ」で成り立っています。大きな喜びを手に入れたければ、深い悲しみを経験することです。そして、この辛さ悲しさの先に喜びがあることを信じれば、今の辛さ悲しみも楽しくなってきます。教祖のひながたが正にその姿でありました。我々先の見えない人間からは到底理解できないような苦しい悲しい状況の中もいそいそとお通りになったひながたがそれを証明しています。

私もこれからいろんな身上や事情をお見せ頂くと思いますが、どんな身上も事情も親神様が先で陽気ぐらしをさせてやろうとの親心でお見せくださるものですから、常に親神様の意図を探り、反省とおわびをもってまた一つ成人させていただけるとお礼の気持ちを込め、できればその身上や事情を心底ありがたいと喜べるような生き方をしたいと願っております。

「失う」ことで「得た」もの　九月

先月の「二つ一つ」という話の中で、私たちが求めている「喜び」は「悲しみ」の上に成り立っているという話をしました。今月は霊祭を勤める月です。日々は朝夕のお勤めにて霊様にお礼を申し上げておりますが、事改めてご先祖様たちのご功績を讃え、お礼を申し上げたいと存じます。そして、先程の「二つ一つ」の話で「喜び」の裏には「悲しみ」があるという話に戻るのですが、世の中で一番悲しいことは、親しい人を亡くすことではないでしょうか。私は今から七年半前に妻を亡くしました。当時は悲しみに打ちひしがれておりましたが、この「悲しみ」の裏にも「喜び」があるはずだと頭で分かっていても心から喜べる日はなかなか来ませんでした。そして、この大切な人を「失う」という裏には、きっと「得る」ものがあるはずだと思い探しました。七年半経ってやっとその「得る」ものに気がつきました。それは「母親」という役をこなす中にありました。妻を失った当初、突然のしかかってきた家事一切。戸惑うことばかりでしたが、日を追う毎に母親の喜びを、子育ての中に感じるようになりました。子供の何気ない「行ってきます」や「ただいま」の言葉に、また「おいしい」の一言に喜びを感じるようになったのです。それは育てている者だけが感じることのできる喜びだと思いました。手塩にかけて育てていればこそ感じる喜びであります。この子供のためなら死ねると思えることの幸せをかみしめるようになりました。

そんなことを考えていると、母親の魂を持って私たちを見守り育ててくださる教祖の親心と喜びが見えてくるように思えたのです。子供のために難儀することや苦労することは、子供の幸せにつながっていると思えばその難儀なことも苦労も耐えられる、いや子供の幸せのために苦労出来ることが嬉しいという経験を通して、きっと教祖のご苦労は私たち人間を陽気に暮らさせてやりたいという一心であったのだから、私たち人間からすれば苦労の道中と思えても、決して教祖のお心はご苦労なんて思いは微塵も無く、喜び一杯であったのだと確信が持てたのです。そしてそんな教祖のお心を感じた時、なんと幸せな心の在り方であろうかと気付かせていただきました。この教祖のお心こそ私たちが真似て通らせて頂かなければならない「ひながたの道」なのだと思ったのです。

「上等な生き方」十一月

今月初旬に初代会長夫妻の年祭を勤めさせて頂きました。改めて思い起こせば、この教会で青年としてお仕込みをいただいている間、常にご夫妻が仰せくださった言葉の中に「上等な心を使いなさいよ。上等な生き方をしなさいよ」というのがありました。当時の私には「上等な心、上等な生き方」の意味が分からず、とりあえず「親切」をモットーに生きようと思いました。教会生活では良かったのですが、青年を終えて教鞭をとるようになると、親切だけでは学生は動いてくれません。そこで自分の時間を、お金を、物を学生のために使う「誠意」ということを心掛けました。すると不思議なことに一人また一人と動いてくれるようになり、その時にこれが「上等な生き方」なのではないかと思ったのです。

そして月日は流れ、平成十三年一月十三日妻が突然出直し(死)、望んだわけではありませんが、「母親」という役が与わったのです。以後約八年間「父親」としての仕事を果たしながら、家事という「母親」の役を同時に演じてきました。結果、私は「母親」の偉大さを再認識すると共に、「母親」の喜びという未知の世界を知ることになりました。子供の世話をする中に今まで気付かなかった「喜び」を感じることができたのです。その「喜び」とは、子供のために我が身を犠牲にできる「喜び」です。我が苦労が、我が苦しみが子供の幸せに、喜びに直結しているのだと思えば、その苦しみや辛さも喜びに感じる世界が「母親」の生き方の中にありました。これは驚きでありました。そしてこの「喜び」はどこからわいてくるのだろうと考えてみました。そして、これは「親心」以外に考えられません。子供が幸せになるための苦労や辛さなら自ら求めてさせて欲しいと思える世界。愛する者の幸せのためならその苦労は喜びに感じるというこの発見は驚きでした。と同時にこんな生き方を知ったことは大きな喜びにつながったのです。

考えてみますと、教祖のひながたは我々人間を幸せにしてやりたいという「親心」一筋であります。私は「親心」に気付けて大きな「喜び」を得ることができました。教祖もかわいい子供である人間のためにご苦労くださった道中、なかなか「親心」を使えない人間からすれば苦労の道中に見えても、「親心」一杯でお通りくださった教祖の胸中は「喜び」一杯だったのだと確信いたしました。そして、こんな「親心」一杯の生き方こそが「上等な生き方」なのだと思ったのです。これからも「上等な生き方」を目標に生きていこうと思います。

「言葉の持つ意味」十二月

早いもので今年も残すところ後わずかとなりました。今月もこうして本年納めの月次祭を滞り無く勤めさせて頂けたことと誠に有り難いことと喜ばせて頂いております。以前にも申し上げましたが、この「有り難い」という字は「有ることが難しい」と書きます。皆さんそれぞれ都合のある中、毎月こうして教会に参拝してくださることは私ども教会をお預かりするものとしては本当に有り難いことです。また皆さん方におかれましても、それぞれ都合を付けて参拝できることを有り難いと思っていて下さることと思います。この「有り難い」という言葉には喜びという感情が付いてきます。でも「当たり前」という言葉の裏には喜びはありません。今自分の目の前に有ることを「当たり前」と思うか「有り難い」と思うかは、それぞれの心次第です。言葉って面白いですね。これも以前お話ししたかと思うのですが、「優しい」という字が「憂」（うれい）という字に人である「にんべん」がくっついてできています。「憂」とは「悩み苦しみ」という意味です。「優」という字は優れているとも読みますが、本当の意味で優れた人間とはこうした困っている人を放ってけない優しい人のことを言うのだという話。こんな話を若い人たちに話していたら、ある若者が「人の為と書いて偽りと読む。人の為とは良い言葉だが、偽りとは良い言葉ではない。なぜですか?」と問いかけられた。少し考えて「人のために動くと言うことは自分が損をすることです。損をするということは自分に少し無理をするわけです。無理をするということは偽りの心である。でもその偽りの行動で相手が喜んでくれる。人を喜ばせるためにとった偽りの行動も相手が喜んでくれた時、真実に変わるのだと思う。だから大いに人のために偽ろう」と答えました。また、暮れも押し迫ってきてお互いに忙しい時間を過ごしていますが、この「忙しい」という字も良く考えてみると、(忄)りっしんべんに(亡)くなると書きます。(忄)りっしんべんは「心」です。心が亡くなると書いてこの「忙しい」という字ができています。自分自身の日々を振り返ってみると、まさしく忙しいときに心を亡くしていることに気付き改めて反省です。また別の若者が「信じる者と書いて儲かると読むが、信じる者とは良い言葉で儲かるという言葉はあまりよい響きではないように思うが…」と問いかけてきた。私は「神様を、人を信じる者は、心に喜びという幸せの種を儲けるのだと思う」と答えておきました。いろんな言葉の一つ一つの意味を考えていると面白くなってきます。

こうして毎月祭典を勤められることを当たり前と思わず、有り難いと感謝し、また忙しい時こそ思いやりや優しい心を亡くさないようにしたいと思いました。

最後になりましたが、本年一年、教会また新米教会長の上にお心寄せ頂きありがとうございました。来年もどうぞよろしくお願いいたします。

立教百七十二年（平成二十一年）

「立場で成人」春季大祭

真柱様は年頭のご挨拶で教内の中心的立場に置かれている者たちに対し「立場の務めを通して、自分の心の成人を進めてもらいたい」とお仕込みくださいました。また、それぞれのご用を勤める中で「見せて頂くことの中から親神様の思し召しを酌み取り、思案を進め、間違いに気づいたら謙虚に反省をし、誤りを正すこと」と述べられ、更に「長い間、立場の務めをしていると自分は正しいという気持ちに陥ってしまいがちである。常に気持ちを新たにするところに成人の足取りは進んでいく」とお仕込みくださいました。

この話は、何も中心的立場にあるものだけに言えることではなく、私たちは皆生活する中でいろんな立場を頂いています。生まれて子供という立場、結婚して夫、妻という立場、子供を授かって親という立場、職場にあっては社長、部長、課長、先輩といった立場、数え上げればきりがないほどの立場を与えられています。この真柱様のお言葉は、それぞれの場面で中心的な立場に立つ者へ特に強調されて仰せになっていますが、私たちもそれぞれ与えられた立場を通して、その立場にふさわしい人間になる努力をすることが大切であると仰せになっているように思います。それぞれの立場にふさわしい姿とは、子供は子供らしく、親は親らしく、男は男らしく、女は女らしく、夫は夫らしく、妻は妻らしくなろうとする姿勢です。しかし、この「らしく」という言葉は相手が認めての価値ですから「子供らしく」という言葉は親から見てであり、「親らしく」は子供から見てであります。夫が自分で「夫らしい」と判断しても、妻が認めてくれなければ単なる自己満足にすぎません。

そして私たち信仰者にとって一番大切な立場は「ようぼく」です。「ようぼく」らしい生き方を目指すことです。「ようぼく」らしい生き方とは、真柱様のお言葉の中に有る「見せて頂くことの中から親神様の思召しを酌み取り、思案を進め、間違いに気づいたら謙虚に反省をし、誤りを正すこと」であります。そしてその基準になるのが教祖のひながたであります。見せて頂く中に「親神様の思いは何か。教祖ならどうなさるのか」と思案を巡らせるところに私たちの成人が有ります。

今年も見せて頂くいろんな事情・身上の中親神様の真意を探り、教祖ひながたを台として思案を深め、一歩でも成人させて頂けるような歩み方をしたいと願っています。

「心助かりの信仰」二月

毎年一月に勤められる春季大祭の意義は、明治二十年陰暦正月二十六日に教祖が子供の成人をお急き込みくださる深い親心から現身を隠されたことに由来し、その成人の具体的な形として望まれたのが「つとめとさづけ」であります。そして、その実践を改めて誓う機会であると聞かせて頂いています。しかし、この「つとめとさづけ」という言葉に慣れてしまって、勿体ないことに実感がわいてこないのです。そこで本当に重要なことは何だろうと考えてみました。確かに「おつとめ」で事情が治まり、「おさづけ」で身上（病）が治っていく姿は、目に耳にして納得しています。身上(病)に苦しみ、事情に悩む人々にとって、その苦しみや悩みから解放されることはありがたいことです。しかし本当にそれだけで良いのだろうかと思ったのです。

私たち人間は神様が陽気ぐらしをするために創られました。そして心だけ自由に使えるようにしてくださいました。しかし悲しいことに私たち人間には神様の声を聞くことも姿を拝することもできません。そこで神様は私たちに事情や身上（病）という形で語りかけてくださるのだと教えて頂いています。言い換えれば、事情や身上（病）は神様からのメッセージなのです。メッセージなら読みとらなければ、聞きとらなければ意味がありません。ここが大切なところです。ただし、身上（病）や事情で苦しんでいる状態では思案もできないだろう。そこで一時的に痛みや苦しさを取り除いてくださるのが「つとめとさづけ」ではないのだろうかと思ったのです。勝手な解釈かも知れませんが、多くの場合「つとめとさづけ」で身上（病）が治り、事情が治まったら「良かった、良かった」で終わっている場面が多いように思うのです。

身上（病）や事情という形で見せられているその結果には原因があるはずです。心通りのご守護（成ってくる姿）であると聞かせて頂きます。そんな身上（病）になる、こんな事情になる原因がそれぞれの心にあるのです。その心使いの間違いを直してほしいと神様が仰せになっている身上（病）や事情なのです。その心を直さなければ、当然のことながら身上（病）なら再発、事情なら因縁として繰り返されていくのではないでしょうか。大切なことは、今見せられている身上（病）事情から解放されるための「つとめとさづけ」ではなく、その身上（病）事情を通してお仕込みくださる神様の真意を探るための「つとめとさづけ」なのだと思ったのです。

この道（天理教）は身上（病）助かり、事情助かりの信仰ではなく、心助かりの信仰です。

「奇跡は着実な積み重ねから起きる」 三月

先日新聞に「冒険は華々しい行為に思われがちだが、そのプロセスは極めて常識的だという。奇跡もまた着実な積み重ねから起きるらしい。『ハドソン川の奇跡』と呼ばれ、見事不時着を成功させた機長は『訓練通り仕事をしたまで』と淡々と語った。その機長が『最近、経営難からベテランが次々と航空会社を去っていき、空の安全が脅かされている』と語った。現代人は合理化を求めるあまり、必要な筋肉まで削いでいないだろうかと気に掛かる」と記されているのを目にしました。

この記事を読んで、忙しい日々の中、無意識とは言え、自分もまたできるだけ無駄を省き、合理化を求めていることに気付き、大いに反省をいたしました。そして、その無駄を省くという行為の中に、今日まで手とり足とり育ててくださった多くの先輩方に対する恩を忘れ、感謝の念が薄れていたことに反省ひとしきりです。

今月は月次祭に加えて春の霊祭を勤めさせて頂きました。私たちが今日こうして生きていられるのは、ご先祖様のお陰、生み育ててくれた親のお陰、また、いろんなことを教え導いてくださった先生や先輩たちのお陰です。私たちはこうした大勢の人たちに支えられて生きてきたのです。改めてこの霊祭の旬にご先祖に感謝し、親々をはじめお世話くださった諸先輩方に対する今日までの薄情で傲慢な態度におわびを申し上げました。これからもどうぞご指導ご鞭撻のほどよろしくお願いいたします。

今一つ、記事の中の「奇跡は着実な積み重ねから起きる」という文に共感しました。この文は、言い換えれば、奇跡を起こすには奇跡を起こす力がなければ起こせないということです。当たり前のことなのですが、改めてこう書かれると嬉しくなりました。今まで奇跡なんて言葉は無縁のような気がしていましたが、考えてみたら奇跡を起こす力もない人に奇跡と言われるような結果が出せる道理がありません。突然降ってわいたような奇跡が起こるとしたら、日々コツコツと努力している人に失礼です。この「奇跡は着実な積み重ねから起きる」という文で、やはり日々コツコツ頑張ることは大切なことなのだと確信が持てて、嬉しくなりました。

これからも合理的な考え方で楽をすることばかり考えず、幾多の困難の中、子孫のために懸命にご尽力くださった霊様たちに感謝し、今尚お仕込みくださいます諸先輩方の意見をしっかり聞いて、わずかずつでも成人の道を歩んでいきたいと思います。

「母親の喜び」教祖誕生祭

今月十八日は教祖中山みき様の二百十一回目のご誕生日(一七九八・四・十八)でありました。教祖(おやさま)は親神様が人間ご創造なされた時の母親「いざなみの命様」の御魂をもってこの世にお生まれになり、旬刻限の到来(天啓/一八三八・十・二十六)と共に「月日(神)のやしろ」とお定まりになって、親神様の仰せのままに私たち人間が陽気に暮らせる手本ひながたを五十年の長きにわたってお通りくださいました。この教祖がおられなかったら、この道をお残しくださらなかったら、私たちはこの世に生まれた意義(陽気ぐらしをするため)も通り方(因縁の自覚)もわからなかったでしょう。

今まで「母親」という立場を我がこととして考えたことはありませんでしたが、八年前に妻を亡くして突然「母親」の役(四人の子育て)が回ってきて身近なものになりました。それまで母(二十五年前に他界)や妻を見て「母親って大変だなあ」と他人事のように見ておりましたが、いざ自分が家事をするようになって気付いたことがあります。それは、母親の仕事は確かに大変だけど、その大変の中に喜びがあるということです。その喜びはお世話をしているから感じる喜びだと思いました。野菜や花、または犬や猫をかわいがっている人の心理と同じです。手間暇かけてお世話しているから、その物の成長が楽しみなのです。人が育てているものは一応の評価はしますが、それほど感動するというところまではいきません。やはり自分が丹精して育てたものとは感じ方が違います。

教祖が私たち人間の幸せを求めてお通りくださった五十年のおひながたは艱難苦労の連続で申し訳ない限りでありますが、私は自分が「母親」という役をこなしていく道中に見つけたかすかな喜びから、ふと教祖も私たち人間から見れば苦労の道中もこの苦労が子供である人間の先の幸せに直結していると思えばその苦労を楽しんでおられたのではないかと思ったのです。

私たちが求めている究極の喜びがこの母親の喜びにあるのではないかと思ったのです。子供のために身を犠牲にできるよろこび喜び。護るものがある喜び。与えられる喜びから、与える喜び。教祖の五十年のおひながたの道中にはそんな母親の喜びに満ちあふれているように思えます。私も我が子だけでなく、教祖のように万人にこんな親心が使えるような成人を目指したいと思いました。

「理は鮮やか」五月

今月は五月ですので「みかぐらうた」五下り目を振り返ってみたいと思います。この下りは「救済とは何か」という点に重きを置いて述べられています。いわゆる「本当の助かりとはどういう姿を言うのか」ということです。五ッ六ッ七ッに

いつまでしんじんしたとても　ようきづくめであるほどに
むごいこころをうちわすれ　やさしきこころになりてこい
なんでもなんぎはささぬぞえ　たすけいちじょのこのところ

と述べられています。直訳すると「何年信仰していてもどんなことも喜べる陽気づくめの世界に生きることが肝心である。そのためには人を押さえつけるようなむごい心を使わず優しい大きい心を持つことである。また、辛い苦しい身上や事情を見せられても、そこに私たち人間を助けたい一条の親神様の思いがある」といった意味です。

私たちの救済は「陽気づくめ」の世界に到達することです。「陽気づくめ」の世界とは形の上ではどんなに苦しくても心で楽しんでいる姿です。これは私たち人間をお創りくださった親神様が、私たちが一歩でも成人して幸せな暮らしができるようにとの思いで見せて

くださる身上・事情であることを信じていなければ味わえない世界です。以前にも言いましたが、私たち人間は、神様の姿を見ることも言葉を聞くことも出来ません。唯一神様の言葉を聞く手段として、身上・事情があると教えて頂きます。身上・事情は神様が会話をしてくださっている瞬間であります。私たち人間が、より幸せになるために神様が身上・事情という姿でご忠告、またはアドバイスをしてくださっているのです。これは人間皆平等に語りかけてくださいます。拒否は出来ません。

ですから、いくら口で「ありがたい、結構」と言っておりましても、心が「陽気づくめ」でなければ、分け隔てなく身上・事情でお知らせくださるのです。人はだませても、神様をだますことはできません。理は鮮やかです。

私は今も時々「痛風」の身上をお見せ頂きます。本当に心通りだなあと感心します。高慢の心を使うと「痛風」の兆候が表れます。兆候が表れた時に、しっかりおわびをすると治めていただきます。今は身上を頂くたびに、神様との問答がまた始まるのだと楽しみになってきました。まだまだ成人の鈍い私ですが、最近少し「陽気づくめ」の世界をのぞけたような気がしています。

村上和雄先生挨拶

「世界たすけは用木の使命」

久しぶりに参拝させていただきましたので、一言ご挨拶申し上げます。先頃ブラジルと台湾に行って参りました。ブラジルは「移民百周年記念行事」の記念講演に招かれ、台湾は「陽気ぐらし講座」で行かせていただきました。海外の教友の話を聞いて感銘を受けたことは、先人たちの「我が身どうなっても」という精神と「どうでもこうでも」という勢いです。全く頭が下がります。そして数日間の滞在を通して、改めて日本という国の治安の良さや人間性の素晴らしさを再認識いたしました。皆さんも機会があれば海外に行って外から日本をご覧になることをお勧めします。私はこの素晴らしい日本に生まれ育ったことを誇りに思っています。同時にこの豊かな国日本で育てて頂いた日本人として、貧困にあえぐ国の人々のために、もっと援助の手を差し伸べるべきだと思いました。殊に世界一れつ兄弟を称える天理教信者としては「世界たすけは用木の使命」だと思っています。私は六十三歳で筑波大学を退官し、現在七十三歳です。実質社会人として十年目を迎えたところです。私の人生はこれからだと思っています。科学という分野の中で一社会人として、一用木として世界たすけに少しでも貢献できるように頑張りたいと思っております。

「本当の助かり」 六月

ただ今は村上先生より大変スケールの大きなお話をして頂き、先生の目標の大きさに圧倒されて言葉もありません。私の話はいつも通り今晩のおかずを何にしようかというような日常の話です。申し訳ありません。

私は先月から「痛風」の身上を頂き、今月もこの「痛風」と仲良く共存しています。口でいくら立派なことを言っていてもこの姿が現実なのです。この姿がいまの私の心通り（高慢で感謝の心が薄い）なのです。でも負け惜しみでなく、今こうして長く治癒しないことに感謝しています。以前の私なら不足していたと思いますが、今回は鮮やかにご守護頂けなかったお陰で、この一カ月神様の思いを探りながらいくつも思案させて頂きました。もし一度の思案で鮮やかに治して頂いていたら一つの思案しかできなかったけれど、こうして治して頂けなかったお陰で、いくつもの思案をさせて頂けた現実から、なんだか得をしたような気がして嬉しくなったのです。

足の身上からの悟り

・「足りる」という漢字が使われている。足は体の中で一番低い場所にあることから、心低く通らせてもらおう。

・足は「運ぶ」道具である。身を運ぶことと同時に心を運ぶことを心掛けよう。

・「足並みを揃える」という言葉がある。関わる人々と心を合わせよう、などなど。

正に「事情・身上は道の華」だと思いました。事情・身上を頂くたびにまた一つ心を磨いてくださる。これからも事情・身上頂いたら、また心の成人の華を咲かせるチャンスを頂いたのだと喜んで受けさせて頂こうと思いました。この教えは「事情助かり」や「身上助かり」が目的ではなく「心助かり」だと仰せくださっています。身上はすっきりご守護頂けなくても、こうして心勇んで通れることが「本当の助かり」だと思いました。本当にしみじみと信仰していて良かったと思っております。

「身に覚えのないことは前生因縁のさんげ」七月

今年も「夏のこどもおぢばがえり」の季節がやってきました。

この時期になると、「朝のおつとめ」という行事の係員として勤めていた頃のことを思い出します。毎朝真柱様が、全国から集まった子供たちに幸せになるための方法を分かりやすくお話しくださいます。ある年「私たちが日常使っている言葉や文字は人間が陽気に暮らせるようにと神様がお与えくださった道具なのです。その道具を皆さんは陽気ぐらしができるような使い方をしていますか」という話をしてくださったという話です。この話を思い出しながら、今月は改めて言葉の使い方、また受け取り方を勉強させて頂きました。

皆さんもご承知の通り、私は先先月から「痛風」の身上を頂戴しました。長引く身上の中いろんな思案ができることを喜んでおりましたが、過日某布教所の月次祭に参拝させて頂いた折、所長さんから「会長さんは前生で余程贅沢してこられたんでしょうね」と声をかけて頂きました。その言葉にハッとしました。私が生まれた家は相当な財産家であったと聞かされていたことを思い出したからです。

つい先日若い人からの悩みに「悪口を言った覚えもない人から恨み事を言われて悔しいです。どう思案すれば心が治まるのでしょうか」と相談を持ちかけられた時「身に覚えのない身上や事情をお見せ頂いたら、前生で蒔いた種を今生で清算してやろうという神様の親心だと思って、文句や言い訳をせず頭を下げて通らせてもらってはどうだろう」とアドバイスをしたばかりでした。人には説けても自分の事になると目先の事に心捕らわれてまったく駄目ですね。

そんな折「前生因縁のさんげ」の言葉。パッと目の前が明るくなりました。長引く身上に対する不足はありませんが、治癒しないということは神様のメッセージが読み取れていないということであり、そのもどかしさ。そこへ「前生の生き様に思いをはせる」ことを教えて頂いたのです。早速神様に前生の贅沢におわびを申し上げ、こうして前生の因縁を今切らせていただけるチャンスを与えて頂いたことに感謝申し上げました。不思議なことにその日を境にだんだん痛みが取れて今日の祭典には最初から最後まで正座で勤めることができました。感激でした。

これからも身に覚えのない身上や事情が表れたら前生の因縁を切るチャンスを与えて頂いたのだと喜んで通らせて頂きたいと思いました。

「話す」と「聞く」八月

先月は、日常使っている言葉や文字は、親神様が私たち人間が陽気に暮らせるためにお与えくださった道具ですが、私たちはこの道具を、親神様が望んでおられる陽気ぐらしに繋がるような使い方をしているだろうかという話をしました。

先日、あるテレビ番組で「できる」と「分かる」は違うという話をしておられました。確かに日常生活の中で「分かっちゃいるけどできないこと」（甘えている部分が多い）が沢山あります。でも「できる」ことで分からないことはないと思っていましたが、「分かる」というのは言葉で説明できることを言うのだというのです。考えてみると、何気なくしていることを言葉で説明をしろと言われると、なかなか言葉が浮かんできません。

改めて、自分では分かっているつもりでも、実際には分かっていなかったのだと反省させられました。また、ある雑誌に「コミュニケーションをとるのに欠かせないのが会話。この会話は『話す』ことと『聞く』ことで成り立っている。そして話すことには五つの効果があり、聞き方には三通りの聞き方がある」と書かれてありました。「話す」ことの効果について「一つには自分を受け入れ認めてもらった実感が得られること。二つ目に自らの胸の内を話すことで心理的に開放（放す）され、三つ目には客観的に見る（離す）ことができて、新たな解決法や肯定的な意味付けができる。

更に四つ目は過去の話をすることで再体験ができ、最後に再体験すると同時に当時の自分を正確に掴むことができる」といった意味のことが書かれてありました、また、聞き方には、「訊く」（尋ねる：診断的理解）、「聞く」（関心のあることだけ聞こえる：経験的理解）、「聴く」（話し手の意図を酌む：共感的理解）の三通りがあると書いてありました。

今月は、言葉ということを意識して通らせて頂いたお陰で、言葉の持つ特徴や聞き方の分析を知ることで、「話す」ことや「聞く」ことの大切さを再認識いたしました。やはり、人と人との繋がりに欠かせないこの「話す」ということと「聞く」ということの使い方は、まず人の話を相手の気持ちになって「聴く」ということ。そして、自分のしていること（できること）を相手にきちんと説明できるようになると同時に、話すことで自分自身の反省を怠ってはいけないと思いました。

以上のことから、自分のしていることを、上手に相手に伝えられないということは、自己満足にすぎないと思いました。今までの自分自身を振り返って、なんと自己満足な生き方をしてきたのだろうと反省ひとしきりです。

「母の出直し（死）」九月

今月は霊祭の月ですので「母の出直し」の話をしたいと思います。

母は熱心な信仰者でした。晩年は教会に住み込んで、もっぱら教会のご用に勤めてくれておりましたが、昭和六十年一月二十一日教祖百年祭（教祖が現身を隠されて百年）活動に教内が勇み立っている最中倒れたのです。

朝づとめに母の姿が有りません。おつとめの後、母の部屋をのぞいてみました。そこにはいつもの元気な母からは想像もつかない姿がありました。母は無言で苦痛を訴えました。年老いた母を背負い、病院へ連れて行きました。診察は点滴を受けるという簡単なものでした。明くる日、また朝づとめに母の姿がありません。部屋をのぞいてみると昨日と同じ状態でした。また病院へ連れて行きましたが、処置は昨日と同じく簡単なものでした。原因も分からないまま帰ろうとしたとき、一人の医師が母の血液検査のデータを見て、すぐ入院の手続きをするよう指示されたのです。

夕刻、医師から母は血液のがん（悪性リンパ腫）で余命三カ月だと告げられました。帰路、車中悔しくて涙が止まりません。一生懸命生きてきた母を、なぜこんな目に遭わせるのかと初めて神様に愚痴を言いました。

次の日から母の闘病生活が始まりました。時折、痛みで顔を歪めることもありましたが、話し掛けるといつもニコニコと穏やかな闘病生活でした。医師も看護師も誠実で優しい方ばかりで、こんな母を見て「増田さんのところに来ると、反対に励まされます」と仰ってくださっていたのを思い出します。

そして、その日は医師の予告通り入院からほぼ三カ月経った四月十六日にやってきました。前日の夜、私は病室の床を掃除しながらこんなにも涙が出るものだろうかと思うほど泣きました。今考えるとそれが虫の知らせだったのでしょうか、昼前母が苦しそうな表情をして、主治医と若い医師が来て、処置が始まりました。私は、別れの時が近付いていると予感し、教会と家族に連絡を取りました。昼すぎ、医師から、家族に連絡するよう指示され、皆病室に入り、母を囲むようにして見守りました。酸素マスクをはずされた母は静かに目を開けて、笑みさえ浮かべながら私たちを見回したのです。私は奇跡が起こったのかと思い、母に必死で呼びかけました。母は私の声には反応せず、三カ月お世話してくださった医師に視線を止めて両手を差し伸べ「ありがとうございました」と一言言って、静かに目を閉じました。

医師も涙を浮かべながら「一時五十九分です」と報告してくださいました。その直後、二時のサイレン（天理の町では教祖が現身をお隠しになられた時刻に毎日サイレンが鳴る）が鳴り出したのです。私は嬉しかった。それは母の生前の夢が「夢枕にでも教祖にお会いしたい」だったからです。母は教祖に抱かれて出直し（死）ていったのだろう。心の中で母に、「お母さん夢が叶って良かったね」と声を掛けました。

そして、母の最期の言葉が、私たち家族にではなく、主治医の先生へのお礼の言葉であり、二時のサイレンと共に息を引き取る姿に、妙に誇りに思えたのでした。

今月は霊祭の月です。霊様方への一番の供養は残された者たちが仲良く暮らすことだと思います。私たちの体は神様からの借り物ですから、いつかこの身をお返しする時が来ます。その時が来たら、私も母のようにお礼の言葉を残していけるような、こんな身の返し方、出直し方をしたいなと思いました。

「不運と不幸」十一月

早いもので今年も残すところ後一カ月と少しになりました。特に今月は先月が大祭月だったこともあり、また今月の頭に婦人会典日支部の「おつとめ総会」があったりで忙しい月でありました。大祭には本部から世話人の松田元雄先生がお入り込みくださり、行事を企画運営する時は、「何をするか」が問題ではなく、「何のためにするか」が大切なのだとお仕込みくださいました。毎月の月次祭で日々結構にお連れ通り頂くご守護に感謝を捧げ、こうした大祭では、人間の成人を願う上から身を隠された親の思い（春季大祭）、また教えを身をもってお示しくだされた教祖のご誕生を祝って更なる成人を誓い（教祖ご誕生祭）、そして今回の大祭は、立教の元一日に立ち返り新たに出発させて頂くことを誓う（秋季大祭）こと。こうした目的を見失わぬようにしたいと思いました。

また今月一日に行われた「婦人会おつとめ総会」ではお二人の方が感話をしてくださり、一人は家庭の事情から、もう一人はご自身の身上を通しての悟りをお話ししてくださいました。聞かせて頂きながら、お二方ともにそれぞれの身上事情を乗り越えられた陰にはご主人の支えが重要な役割を果たしていると感じた感話でした。

お話の中で乳がんの身上を乗り越えられた方が「乳がんになったことは不運だが決して不幸ではない」という言葉に支えられたと仰っておられました。その言葉は私自身の経験（妻を亡くす）と重なりました。妻を亡くした時、確かに不運だと思いましたがありがたいことに私には信仰がありました。天理教の教えには何もかも悪いことはないと教えられます。

神様が出してくださる結果に悪いことであるはずがない、先できっと喜べる日が来ると自分に言い聞かせてきました。そして母親という役を演じながら得た答えは、子育ての喜びでした。育てることの喜び。育てるという行為は傍から見れば苦労に見えるかもしれませんが、育てている者にしか味わえない喜びがそこにありました。元気で出掛けてくれた。何事もなく元気に帰って来てくれた。こんな日常の何気ないことが嬉しいと感じられる母親の喜びを知ったのです。私はこの「病気になったことは不運だが、決して不幸ではない」という言葉に今大いに共感を覚えるのです。これからも沢山の身上（病気）や事情（もめごと）に出会うことだと思いますが、折角神様からそれぞれの心の成人のために頂いた身上や事情。不運には違いないが、その不運をバネにまた一段と成人させて頂き喜びにつなげていきたいと思いました。

「新」十二月

祭文の中に「本年は世上では政権交代という節をお見せ頂き、教内においても両統領（表統領・内統領）の任期満了によって新しい人事の発表がありました。そして今年を代表する漢字に「新」という字が選ばれました。いよいよ世の中も教内もいろんな意味で見直しの時期がやってきたように思います。生きるということの原点、天理教の教えの原点、今一度世の中も教内も、これからの若者（後継者）たちのために、本当にこれで良いのかを考えなければならない時期がやってきたように思います。今年の秋季大祭で真柱様は、「家族団欒」ということを強調して『助け合う家族の姿を作り出し、周囲へ移していく努力をしてほしい』と述べられました。また『助け合って困難を克服できる世の中こそ親神様のお望みくださる真の陽気ぐらしではないか』とも仰せになり、更に『節に出会った時、その意味を思案することがなければ、節は単なる苦痛苦悩でしかない。成ってきた理が心に治まった時、節から芽が吹くご守護が頂けるのである』とも仰せくださいました。

この世上に、教内に見せられた節を生き節とすべく、私たち一人一人が自分自身を振り返りながら精一杯成人の道へと邁進いたしたいと存じます。また私たちは、事情身上に合うと、つい家の因縁や親からの遺伝という言葉で片付けてしまっていることが多いように思います。因縁や遺伝を知ることが目的ではなく、その因縁を切ること、遺伝を自覚して他の人よりその部分に注意を払うことが肝心なことです。今後は、それぞれに見せて頂く事情や身上を通して、我が家、わが身の因縁を自覚して、その因縁に負けない生き方を目指していきたい」と書かせて頂きました。

今年一年を代表する漢字に「新」という字が選ばれました。政権交代や教内の新人事。どんな世界でも、人が変われば目標は変わらなくとも、目標を達成するためにそれぞれの価値観の違いから多少の動きに変化が出てくるものです。

世間では税金の無駄遣いを無くすために事業を見直す「事業仕分け」が行われております。教内でも「後継者が育たない」という問題から教会の在り方、教会長の通り方が問われています。これらの問題に共通することは、これらの問題はいま起こったのではなく、長い年月を掛けて発生したのです。だから今の人たちにこの問題の解決を求めることではなく、この状況を作った人々（政治家、教会長、親）が変わらなければ解決はないと思うのです。子供の問題ではなく、私たち先を歩く先輩であったり、上司であったり、親の問題だと思うのです。今こそこんな世の中を作った私たち親がしっかり後に続く者のために責任を取らなければならない時が来たのだと思います。そのためには教祖がお通りくださったひながた、親が子供のために苦労して、その苦労を楽しんでいる姿を後に続く子供たちに見せることです。

立教百七十三年（平成二十二年）

「お道らしい生き方」春季大祭

今月は教祖が現身をお隠しになられた意義深い月でございます。ただ今は結構に当教会の春季大祭を勤めさせて頂きありがとうございました。

真柱様は、今年も年頭にあたり「いま家族のつながりの希薄化がさまざまな家庭の事情を引き起こし、社会の基盤を揺るがしかねない深刻な問題となっています。こうした中で、親神様・教祖から夫婦、親子のあり方をお教え頂く私たちお互いが、心を合わせ、助け合う、お道らしい家族団欒の姿を周囲に移していきたいと思います」とお仕込みくださいました。

陽気ぐらしの最小の単位は夫婦です。そしてその夫婦を囲んで親子、兄弟という家族があります。この組み合わされた夫婦、親子、兄弟が仲良く暮らすことこそ私たちが求めている陽気ぐらし世界の姿です。いくら仕事で成功しても、お金がたまっても肝心の家庭が治まっていなかったら、それは幸せな姿とは言えません。私たちの幸せの鍵はそれぞれ組み合わされた夫婦、親子、兄弟のお互いの心にあります。

ところで「お道らしい生き方」とはどういう生き方のことを言うのでしょうか。互いに心を合わせ、助け合うことだと仰せ頂きますが、このお言葉の大前提に親神様のお心に合わせ、理にかなった生き方をするために助け合うのだということを忘れてはいけないと思うのです。「お道らしい生き方」とは「理にかなった生き方」とも言えるのではないかと思うのです。「理にかなった生き方」とは周りの人々から「なるほど」と思ってもらえるような生き方です。

先日ある人が「なるほどの人」とは周りの人から「なるほど」と思ってもらえるような生き方をするだけではなく、自分自身の心の中でもどんなことが起こってきてもそれを「なるほど」と納得できなければ本物ではないと教えてくださいました。まさしく「なるほど」と思いながら納得しました。現在、日本は豊かになりました。そして、人の目も耳も口も肥えて、みな「本物志向」になっています。自分自身は偽物でも、他に対しては「本物」を求めています。そして、いつの時代も本物は強い。時代が変わっても本物は残ります。

今こそ私たち信仰者も「本物の信仰」を問われる時代が来たのだと思います。周りの人々から「なるほど」と思ってもらえるような「理にかなった生き方」をし、自らも納得して

「お道らしい生き方」を心がけたいと思います。

「真に助かる道」二月

先月の春季大祭にて真柱様は「現在、何の不安もなく、お教え頂いた通りにお勤めを勤めることができる幸せを喜ぶだけでなく、この元一日に思いを致し、そこに込められたをやの思いをかみしめ、胸に刻んで、心新たに思し召しにお応えする歩みを進めることが、春の大祭を勤める意義である」と述べ「形の上では、当時より整ったおつとめを勤めることができる今日だけに、心が疎かにならないよう、よくよく戒めなければならない」と注意を促され、「願い通りのご守護を頂きたいと念じておつとめを勤める子供の心と、陽気ぐらしへと導いてやりたいと、つとめを教えられた親の思いには、ずれがある」とご指摘くださいました。身上・事情を頂いてご守護いただいたときは「苦しみ悩みを助けて頂いてありがたいというよりも、生き方を改め、運命を切り替え、真に助かる道へと導かれるが故にありがたいのである」と悟ることが肝要であるとお諭しくださいました。

身上（病気）になったり、事情が起こったりすると、当然のことながら、今の苦しみや辛さから逃れることばかり考えます。そして、病院で治療をして病気が治ったり、神様に祈って事情が治まったりしてホッと胸をなでおろしているお互いがいます。それで解決したように思ってしまいがちですが、私たち信仰者は「事情や身上は、日々の暮らしの中で、神様からご覧になって幸せになるために必要なことや必要でないことを知らせるための手段である」とお聞かせ頂いております。ただ病気が治った、事情が治まったと安心しているとまたいつか再発したり同じ事情が起こったりすることはよく聞く話です。それはその身上・事情の起こる原因の心の切り替えをしていないからです。

私は、病院で治療して病気が治ったり、「おつとめ」を通して事情が治めてくださるのは、痛い、苦しい中では良い思案（心得違い）もできにくいだろうとの親心で、一時痛み苦しみをお預かりくださるのだと思うのです。いわば応急処置です。大切なことは、見せていただいた身上・事情を通して己の生き方を反省し、運命を切り替える努力をすることが最も肝心なことです。

確かに身上・事情を頂いた時はその痛み苦しみから逃れるだけで十分たすかりでありますす。しかし、その身上・事情の起こる根本原因である心の切り替えをしなかったら、また同じ身上・事情を頂くことになるのではないでしょうか。

同じことで何度も注意を受けるのは親不孝だと思います。

村上和雄先生挨拶

「教育の本質を担う偉大な母」三月

世界二十カ国の青少年に「先生を尊敬しているか」と質問したところ「はい」と答えた割合は、韓国、アメリカ、ＥＵの八〇％に対して日本はわずか二一％で最下位でした。同じく「親を尊敬するか」の問いにも、世界の平均が八三％なのに、日本は二五％しかありませんでした。さらに注目すべきは、日本の高校生の六六％が自分はだめだと思っているということです。

これは戦後六十年の教育の中で、人間として真のあるべき姿を、大人や先生が十分に教え、示してこなかったことが原因の一つであると思うのです。

人生において幸せなこととは、尊敬する師や目標となる人を持つことだと思っています。私の師の一人に京都大学第十六代総長を務められた平澤興という先生がおられ、先生は教育における本質的な役割は親の存在が大きいことを強調され、何よりも親自身が、自分たちの生活の姿勢を見つめ、誠実に日常生活に向き合うことが大切だと述べ、殊に母親の存在は大きいと力説されました。

生命科学の教育と研究の現場で私が学んだことは、生命の約三十八億年の歴史を経て私たちが生きているという凄さです。大自然のお陰で生かされていることに感謝です。この大自然の恵みこそ親神様のご守護です。この恵みにお応えする道が母親の魂を持っておられる教祖がお残しくださったひながたの道を歩むことだと思っています。

「母親の喜びこそ真の喜び」 三月

今月は霊祭を勤めさせて頂く月でございます。私たちにはそれぞれ多くの霊様方がおられ、困難の中、懸命に尽くして頂いたお陰で今日の結構な暮らしがあります。毎年三月と九月に霊祭を勤めて、事改めてご先祖の皆様方にお礼を申し上げ、今後ともお見守りくださいますようお願い申し上げております。

遠いご先祖のことはよく分かりませんが、せめて生前関わりのあった霊様方に対してお礼の言葉と感謝の言葉でおねぎらい申し上げたいものです。

私も沢山の霊様方に見守られて今日暮らしておりますが、直接出直し（死）に関わったのは父と母、そして妻の三人であります。父は私の幼いころに出直しましたのであまり記憶にありませんが、母と妻の出直しは今も脳裏に鮮明に残っています。母は私が三十歳の時に血液のがんで出直しました。父が出直してから女手一つで育ててくれ、泣き言一つ言わずに懸命に生きる母の姿に人間として、信仰者として目標としていただけにとても悲しいことでした。そして、それから十年後、最愛の妻が四十八歳の時「クモ膜下出血」で突然出直しました。妻が出直した時一番先に思ったことは母を亡くした子供たちの悲しみでした。

父、母、妻の出直し。それぞれに悲しみの色は違いましたが、とくに母の存在は大きかったと今も思っています。そして、妻を亡くして私に「母親」の役が与わりました。子供たちの寂しさや悲しみを少しでも和らげようと妻の生前の生活をできるだけ再現しようと頑張りました。そんな母親を演じる中に母親の勤めの大変さとともに母親の喜びを知ったのです。育てる者にしか味わえない喜びです。大きな気付きでした。その喜びから教祖の五十年のひながたの味わい方が変わりました。子供の喜びのためなら母親は我が身を犠牲にできるのです。犠牲といえば無理をしているように聞こえますが、犠牲になれることが嬉しいと感じる世界が母親の中にあるのです。子供のために我が身を犠牲にして、犠牲になれることを喜んでいる姿は母親を演じるまではありませんでした。そして、この母親の喜びこそ教祖のひながたの根底に流れる喜びそのものだと気付いたのです。教祖の五十年のご苦労は私たち子供の幸せのためにお通りくださった道なのです。そうだとすると教祖はあの苦労の道中、この苦労の道中こそ子供である人間の幸せにつながっているのだと誰よりも喜んでお通りになったのだと思ったら嬉しくなったのです。

我々人間は我が子に対しての苦労は喜べても、なかなか他人の子供にまで思えません。でも教祖は全人類の母ですから万人に思えたわけです。人から苦労と思われるような生き方の中、人のために苦労できることを喜べるなんて、何と幸せな生き方ではありませんか。私も我が子だけでなくいろんな人の幸せに貢献し、人の喜びを我が喜びに感じることのできる人間を目指したいと思います。

「心の基準」 教祖誕生祭

今月十八日は教祖がご誕生なされたおめでたい日であります。教祖は親神様が最初に人間をご創造なされた時の、母親いざなみの命様の御魂をもってこの世にお生まれになられました。ご本部でも当日、国の内外を問わず大勢の信者さんたちが寄り集まって盛大に教祖ご誕生祭が執り行われました。また翌日の第九十二回婦人会総会では、婦人会創立百周年という節目を迎え、約十二万人という大勢の会員の皆さんでお地場は埋め尽くされました。

十八日のおつとめ終了後の本部員講話では、教祖の御誕生をお祝いするとともに、私たち人間が陽気ぐらしが出来るようにと自らお通り下さった五十年の「ひながたの道」を順を追ってお話しくださり、その厳しい貧の道中の中、お子様たちにも納得できるよう、不足せぬよう、その都度懇切丁寧に説得なさりながらお育てになっておられる点に注目し、陽気ぐらし実現には家族団欒の姿は欠かせないと、家族の在り方の重要性についてお話しくださいました。

私はこの「陽気ぐらし」については青年時代、前の会長様（二代）から「日々の暮らしの中で陽気ぐらしができるようにとの親心で親神様からさまざまな身上や事情を通してお仕込みくださるが、成人の鈍い我々はその親心の真意を悟れない。そこでその身上や事情を乗り越えるヒントとしてあるのが教祖のひながたである。ただし、その思案の答えは喜びでなければ親神様には受け取ってもらえない。陽気ぐらしをするためにお残しくださった教祖のひながたとは、どんなこともすべて喜びに受け止められたことだ」と教えて頂いた。

本日はあいにくの雨ですが、雨降りで思い出す話があります。それはどんなことも結構、結構とお通りになって「結構源さん」と呼ばれた河原町大教会の初代深谷源次郎様のお話です。ある時、何日も続く長雨にさすがの源さんも音を上げるだろうと思って尋ねたところ、源さんは「これだけ降り続く雨が一度に降っては大変なこと、神様が小分けに降らせてくださるからありがたい」と喜ばれたという話です。

またこの話と共に思い出す話が、教会の住み込み青年時代、初代会長夫人村上智恵先生（親奥様）のお伴で大阪におられる信者さんの引っ越しのお手伝いをしての帰路、後方から脇見運転の車にぶつけられた時の話です。加害者の運転手さんに親奥様は「貴方は命の恩人です。貴方がもう数秒ブレーキを踏むのが遅かったら私たちの命はありませんでした。ありがとうございました」とお礼を仰ったのです。

ここで前者の結構源さんと親奥様に共通することは、心の基準が常に今の現状より悲惨な光景を思い浮かべ、今を喜んでおられることです。共に「洪水」や「出直し（死）」という大難を基準に考える力を持っておられるからこそ、今の難を小難と喜べたのです。逆に長雨に不足していた先人の方や、車が大破したことに不満を感じていた私は、ともに無難を基準にしていたから突然降りかかった難を小難と喜べなかったのです。

このように身上や事情を頂いた時に、もっと厳しい状態を想像できて、そのことを思えば今が結構と思える考え方こそが、どんなことも喜びに受け止めることのできるコツだと思いました。

不思議なことに、心の基準を変えることで不足が喜びに変わる世界があります。喜べる状況を望むのではなく、どんな状況の中も喜べる心を作ることが肝要であると改めて思わせて頂きました。

「親の責任」五月

毎月、本部月次祭の次の日に本部直属の教会長さん方が集まって行われる「かなめ会」という会議があります。その中でも四月は「総会」ということで真柱様からお言葉を頂戴します。席上、真柱様は『かなめ』とは大切なところ、肝心なところという意味です。その言葉を会の名前に使っているということはこの会が教内において重要な人の集まりだということです。皆さんは教会名称を預かる責任者であり、部内教会を修理丹精する責任者であると思うのです。ただ事務的にぢばの理を、また本部の方針を流すというのではなく、どうすれば素直に勇んで勤めてもらえるのかを考えて伝えていかなければなりません。部内の会長さんが素直に聞いてくださるかどうかは、皆さんの日頃の通り方や、姿勢がどうかで変わってくるように思います。人から立ててもらう立場に長く居ると、気の緩みや慣れというものが出てきて気儘になり、それが事情を起こす元になってくると思うのです。常に自分を振り返って、謙虚に反省する姿勢が大切です」

これは部内教会を何十カ所も抱えておられる大きな大教会長さん方に対するお言葉でしたが、私も会長として、また一人の大人として、父親として、考えさせられたお言葉でした。現在、教内の後継者問題や社会における若年層のモラルの欠如や非行など、問題は山積しています。しかし、これらの問題は今発生した問題ではなく、紛れもなく私たち大人がこんな若者を作り上げたのです。自分たちで作っておいて、自分たちの作品に文句を言っているような世界が現代社会です。教内の後継者問題も、教会を継がない、信仰を継がない若者が悪いのではなく、伝えきれていない前を歩く大人の問題なのです。ならば、よりよい社会を作るため私たち大人の責任として嘘でも元気出して「世の中捨てたもんじゃないよ」と言うところを若者に見せるべきだと思います。教内もしかり、特に私も含め教会長さん方がこの道を楽しんで通っている姿を後に続く若者たちに、見せてあげるべきです。

私は今、教会長という御用を通してとても楽しく充実した日々を送っております。かと言って毎日面白おかしく暮らしているわけではありません。喜んだり、不足をしたり、それらを理に照らし合わせながら解決する中から反省もし、また新たな気付きがあります。その気付きが嬉しく楽しく充実した日々に感じられるのです。

今後も、謙虚に反省する姿勢を持ち続け、日々勇んで通りたいと思っております。

「心の白塗り」 六月

この時期になりますと、いつも思い出す話があります。それは「こどもおぢばがえり」の準備に欠かせない看板作りの話です。看板作りの最初の作業は白塗りからです。去年の絵の上にそのまま新しい絵を描いて色を塗ってもきれいな看板にはならないのです。特に鮮やかな色を使う時は、その下に他の色があったのでは濁ってしまうからです。ある先生がこの話を通して「私たちの心もしっかり白塗りをしていないとせっかく頂いている親神様からのご守護を鮮やかに受け取ることができないと思う」と話してくださいました。加えて「心の白塗りは理に適った生き方と人を喜ばせることだ」と教えてくださいました。

話は変わりますが、早いもので教会長のご命を頂き、「就任奉告祭」を勤めてから三年の月日が流れました。あの日、真柱様から「一日一日経験を重ねて皆から信頼され慕われる会長になって欲しい」と激励頂きました。この元一日のお言葉を常に心において通りたいと改めて自分に言い聞かせております。

「元一日」という言葉はいろんな所に使われておりますが、それぞれに忘れてはいけないことだと思うのです。我が増田家の入信の元一日は、父母の夫婦のもつれから、母が鹿児島の片田舎から単身で天理に助けを求めてきたことに始まります。そしてその日がこの教会の設立の奉告祭の日だったという偶然も重なりました。ですから増田家の信仰はこの教会の設立奉告祭の日とともに始まりました。当時私は三歳でした。そして私自身の信仰の始まりは、学校を終えて社会人として歩みだした二十三歳の時に、初代教会長夫人の村上智恵先生から教会の青年をしてほしいとお願いをされたことに始まります。父を早くに失い、女手一つで私たち子供を育ててくれた信仰熱心な母親の背中を見て育った私は、信仰の道に入ることが一番の親孝行だと思っておりましたので、教会生活に入ることにさほど抵抗はありませんでした。むしろこの決断に母の喜ぶ顔を見られたことが嬉しかった。以来、信仰生活の中でお育て頂きましたが、まさかこの教会の三代会長としてお許しを頂くとは夢にも思いませんでした。

本当に今日までに多くの人に支えられ、助けられて今日を迎えております。あらためて今日までお世話になった方々一人一人に感謝の思いを捧げ、いろんな御用にお使い頂ける身の幸せをかみしめ、驕ることなく日々わが心の白塗りに励み、一人でも多くの人の幸せに関与できるよう努力してまいりたいと願っております。

「絶対と相対」　七月

先月は梅雨でうっとうしいなあ、今月は真夏日が続いて暑いなあ、きっと来月も残暑で厳しいなあ、とつい愚痴をこぼしてしまいます。でも私たち人間は神様が絶対の世界に居られるのに対して、相対の世界に生きていると言われています。絶対の世界とは比べるものがないことであります。物事の判断を何かと比較しなくても分かるということです。しかし相対の世界とは物事を認識するには何かと比較しなければそのものが何であるか認識できない世界のことです。言い換えれば我々人間は明るいことを知るためには暗いことを知っていることが条件なのです。暑いということを感じるには寒いという感覚を知っていることが条件なのです。そう考えると先程申しました、うっとうしいや暑い、寒いという感覚は、爽やかだとか快適という感覚を知るためにはこれも必要なものなのだと思うのです。

相対の世界に生きているお互いは、良いことだけでは良いことを認識できない。良いことを知るには悪いことを知っているということが条件なのです。私たちは良いことばかりを望んでいますが、良いことばかりではどれが良いことか分からなくなってきます。みんなが同じものを好きになったり、同じものを嫌いになったりしては困ります。みんなが全員一番になることはあり得ません。それでいいじゃないですか。人だって気の合う人や苦手な人がいる、食べ物だって甘党の人もいれば辛党の人もいる、趣味だって違う人がいるから世の中うまく回っていっているのだと思います。

お道の言葉に「一手一つ」という言葉がありますが、この言葉はみんなが同じことをすることではなく、目的に向かってそれぞれが与えられた役割を十分果たすという意味です。表だけのものはありません。必ず物には表があればその反対側は裏です。表が喜びの世界なら、裏の悲しみを知ってその悲しみの支えがあるからこうして喜びを感じることができるのだと気付くことが肝心だと思いました。

何もかもが二つ一つです。表と裏、喜びと悲しみ、優しさと厳しさ、苦しさと楽しさ、みんな二つで一つなのです。辛い練習もしないで上手になれるものはありません。悲しみを乗り越える経験もせずに本当の喜びを味わえることはありません。

この相反する物があるから、私たちは物事を判断し認識できるのです。どちらか片方だけでは理解できない世界、それが相対の世界です。大切なことは嫌なことを排除することではなく、この嫌なものがあるから良いものを良いものと判断できるのだと、嫌なものを認める、受け入れる力を身につけることが大切なことだと思うのです。

「知識でものを見る」八月

今年も恒例により、夏のこどもおぢばがえりが開催され、当教会からも参加いたしましたが、今年はいつも参加してくれる子供たちの日程が合わず少人数でした。でも、少人数は少人数で一人一人の子供たちとコミュニケーションも取れて良かったように思いました。

さて、今月は本部で毎年開催されている全国の信仰をもった教職員の集まり「道の教職員の集い」(参加者約四百名)で教育講演「育てる力は親心」と題して講演をさせて頂きました。講演内容は、以前十四年間専修科という学校で専任講師として務めさせて頂いた経験と、家内を亡くして十年間子育てをさせて頂いた体験を通して、人を育てるということは親心をもってさせて頂かなくては、これほど大変な仕事はないと痛感すると同時に、親心をもって、子供の成長や喜ぶ姿を求めれば、これほどやりがいのある仕事はないと感じたという話をしてきました。

また、奈良教区では夏と冬の二回、受験を控えた中学校三年生を対象に「成人塾」という学習塾を行っておられます。私も今年から、教区の主事という立場をお与え頂き、開講の挨拶をするように言われて出向きました。何を話そうかと考えて、思いついた話が、以前教職員をしていた時に、生徒に「なぜ勉強しなければいけないのか」と問われて、答えた話を思い出し、その話をしました。

「かの有名なゲーテが『人間は知識でしか、ものを見ることができない』と言った。例えば、ここにハサミがあっても、これが物を切る道具であるという知識が無ければ、ハサミを眼の前にしながら、手で紙を破っているような事が起こる。これは、目でハサミを見ていても、ハサミが物を切る道具であるという知識がなければ、見ていても、見ていない人と同じであるということである。皆さんは、これから英語や数学の勉強をしますね。例えば、外国人が英語で話し掛けてこられても、英語が分からなければ、話しておられる意味が分からない。それは、英語を耳で聞いていても、聞いていない人と同じことです。でも、英語力があれば、その外国人が話している内容が分かります。このように、知識があれば、見えるし、聞こえるんです。皆さんが勉強して、知識を身につけるということは、今まで見えなかったいろんなことが見えてくるということです。だから、頑張って勉強してください」と話しました。

子供たちに話しながら改めて私自身も、もっと勉強しようと思いました。

「なるほどの人」九月

今月は霊祭を勤める月です。毎年三月と九月に霊祭を勤め、改めて霊様方のご霊徳を讃え、ご功績に感謝しお慰め申し上げる月でございます。

それにしても最近の悲惨なニュースには驚きを通り越して、おぞましさすら感じます。

子供が親に手をかけるというのは未熟な子供の自制心が利かずに犯してしまったのだろうとまだ多少の理解はできますが、母親が幼い我が子を虐待し、挙句の果てに死に追いやるなど到底理解ができない事件が続出しています。本当に真剣に家族の在り方が問われる時代だと思います。昔からこうした事件が起こるたびに大人たちは「最近の若い者は」と苦言を呈してこられましたが、こうした言葉を耳にするたびに思うことは「こんな若者を作ったのは誰ですか、私たち年を重ねた者が育て切れなかった結果がこうした現在の姿を生み出したのではないのですか」と。

こうした悲惨な事件を起こしている若者たちを育てたのは、紛れもなく私たちの社会であり、私たち親なのです。若者たちをなじる前に私たち親が若者から慕われるような生き方をすることです。慕われるような生き方とは、自分の言動に責任を持てることです。さらに言えば楽しそうに生きることです。辛そうに生きている大人を見て子供たちはがっかりしているのです。あんな大人にはなりたくないと思っているのです。今のこんな悲惨な社会を救うのは我々大人が子供たちから「なるほど」と思ってもらえるような生き方をすること、「なるほどの人」を目指すことだと思います。

霊祭挨拶

天理教の「出直し」説は明るい、古くなった、あるいは傷んだ着物を新しい服に着替えるようなものだと教えられています。着替えている主体は「魂」です。「魂」は生き通しであると教えて頂いております。お出直しなされた方の魂はもう既にこの世に新しい服をお借りして生まれている方もおられるでしょうし、まだ親神様の懐に抱かれている方もおられるでしょう。いずれにいたしましても、ただ今読み上げさせて頂いた霊様方には魂があります。魂にふさわしい身体をお貸しくださるというのなら、こうして霊様方の御霊徳を讃えることで霊様方の魂に徳が付き、今世より素敵な来世が訪れるはずです。大いに霊様方に感謝させて頂きましょう。

「伝わる喜び」十一月

先月から今月にかけて、ありがたいことに講演が続きました。私は講演に出させていただくたびに元気にならせて頂きます。その一番は、いろんな体験談を通して人様に泣き言は言えませんから、むしろ強がって立派な信仰者を演じている自分の話をします。立派な信仰者を演じて生きているという話をすることで、自分の言葉を嘘にしたくないからその思いを実行しようと頑張っている自分がいます。言い換えれば聞いてくださっている皆さんに私は今日まで助けて頂いてきました。

本当に信仰していればこそです。辛い時や悲しい時も、この悲しみの分だけ辛い分だけ、それ以上の喜びがあるはずだということを信じて通れました。さらにこの喜びが聞いてくださる皆さんに伝わっていく喜びは格別です。

中でも先日、天理高校Ⅱ部生（定時制）の一、二年生の皆さんに勇む話をしてくださいと頼まれてお話しさせて頂きました。後日受講してくださった高校生の皆さんから感想文を頂きました。講話の内容と感想が書かれてあり、驚くほどきちんと聞いてくださっていました。殊に感想文の内容のほとんどが、「先生の話を聞いて明日から頑張れそうな気がする」とのコメントでした。たかが一時間の話です。しかも十五、六歳の若者がこんな叔父さんの話を真剣に聞いて勇気を持ってくださったことは私自身が勇気を頂きました。特に彼らが感銘を受けてくれた話は、前会長（二代）さんから教えて頂いた「人は神様からのメッセンジャーボーイ」という話でした。『自分に注意をしてくれる先輩や職場の人たちは、みんな神様からのメッセージを届けてくれる郵便配達員なのです。目の前の人が言っていると思うから腹が立つのです』といった意味の話でした。ほとんどの子供たちが厳しいことを言ってくる先輩や職場の大人たちに不満を持っていたようです。そこで私の話を聞いて「先輩が言っているのではなく、先輩の口を通して神様が自分に注意をしてくれていると思えば先輩の注意を素直に聞けるような気がします。ありがとうございました」という内容の感想が大半でした。感想を読みながらなんて素直な子たちだろうと感動しました。

改めて信仰の話がこんな風に人の心に勇気と喜びを与えることができるということに感動すると同時に、大切な御用をさせて頂いていることに身の引き締まる思いがいたしました。神様から陽気に暮らすためにお与え頂いた言葉や文字を、これからも喜びを伝える道具として、しっかり活用させて頂こうと思います。

「悟り方」十二月

早いもので妻が出直して（平成十三年一月十三日享年四十八歳）もうすぐ十年です。先日十九日に妻の「十年祭」を勤めさせて頂きました。思い起こせば必死に生きてきた十年でした。私たちは生きていく中にいくつもの節を見せられます。大切なことはその節から折れてしまうのか、生き節として喜びに転じて芽を出すのかです。今私はこの妻の出直しという節を通して母親の喜びを手に入れました。同時に育てる喜びを通して教祖の喜びの一端に触れることができました。その気付きは大きな発見であり、喜びであります。

先日とても良い「悟り」の話を聞きました。私と同年代の方ですが、その方は学生時代の友人七人と毎年正月に家族連れで集まって、昨年一年の無事と今年一年の奮起を誓う場としてその会を楽しみにしておられたようです。ところが、今年の集まりに一人の友人の奥さんから「今年は主人が脳の手術をして入院しておりますので欠席させて頂きます」と連絡があったそうです。早速、お見舞いに行かれましたが、友人はもう生きる望みをなくしておられました。何とか家族のために気持ちを強く持ってほしいと思っておられたそんな折、ふと教祖の逸話『明治十九年二月六日、お屋敷へ帰らせて頂いていた梅谷四郎兵衞のもとへ、家から、かねて身上中の二女みちゑがなくなったという知らせが届いた。教祖にお目通りした時、話のついでに、そのことを申し上げると、教祖は、「それは結構やなあ。」と、仰せられた。梅谷は、教祖が、何かお聞き違いなされたのだろうと思ったので、更に、もう一度、「子供をなくしましたので。」と、申し上げると、教祖は、ただ一言、「大きい方でのうて、よかったなあ。」と、仰せられた』（逸話編一八四「悟り方」）という話を思い出されたそうです。この逸話の凄い所は、失ったことばかりに目を向けてしまいがちな所を、周りを見てごらん。失ったものもあるけれど、まだまだ与わっているものがたくさんありますよ。失ったものばかりに目を向けていないで、今あるものに感謝しなさいという悟りです。早速友人にこの話をされたそうです。生きる気力をなくしておられたその友人はメールで「人間は一人でも泣けるが、一人では笑えない。私には一緒に笑ってくれる家族がいる。体は少し不自由になっても幸せ者だということに気がついた。ありがとう」と返事が来たそうです。あるものに気付かれたのです。

私も妻を失った直後は、失ったことばかりに思いが言って喜べませんでしたが、気がつけば素晴らしい子供たちがいてくれました。そして支えてくださる大勢の仲間がいてくれました。それに気付けた時にとっても幸せな気分になれました。本当に節に出会ったら「悟り方」一つで喜びにも悲しみにも流れていきます。悲しみに流れていく姿に成人はありません。喜びの思案が大切です。

立教百七十四年（平成二十三年）

「かたちに籠る思いが大切」春季大祭

今月は教祖が人間の成人を急き込まれて現身をお隠しなられた縁の月であります。具体的には「つとめ」と「さづけ」の徹底であります。その思いは私たちに「陽気ぐらし」をさせてやりたいとの一途な親心であります。私はこの月の六日に五十九歳になりました。元旦祭でもお話しましたが、この歳になってつくづく感じることは、「陽気ぐらし」の世界とは、楽しい嬉しいばかりの世界ではなく、辛い苦しい時を含めてあるのだということです。自分自身の人生を振り返っても、決して楽しいことばかりではありませんでした。でもその辛い苦しい時があったからこそ、今の結構に気付けたのです。そのことを思えば、「陽気ぐらし」の世界とは、楽しい事と苦しい事両方があって、初めて味わえる世界なのだと思ったのです。「相対の世界」「二つ一つの世界」に生きている私たち人間は、どちらか片方だけでは物事を理解することができません。これからも沢山の辛い苦しいことに出会うことと思いますが、辛い苦しいことは楽しい嬉しいことに気付くために必要なものだと思い、今年も頑張っていきたいと思いますので今年もどうぞよろしくお願いいたします。

さて、例年一月四日には真柱様から年頭のご挨拶を頂きます。その中で、年末年始の行事を例にとって、「行事の合理化を目指すあまり、行事のやり方や技術、更にはその行事の意義や目的を次代に伝えることが疎かに成ってはいないだろうか。各行事を通して人を丹精することが最も大切なことである。人を丹精するということは手間暇かかるものである。その手間暇を省いていては人は育たない」といった意味のお言葉を通してお仕込みくださいました。私たちは今まで、ややもすると行事に追われて、その行事の意味する目的や趣旨を忘れ、行事の合理化を求めて、行事をこなすことで精一杯になっていることがあったように思います。今日こうして勤めさせて頂いている大祭や、毎月努めさせて頂いている月次祭も単に恒例行事にしてしまっていては申し訳ない。日々親神様のご守護と教祖のお導きで結構にお連れ通り頂いている感謝とお礼の心で月に一度事改めて参拝をさせて頂いているはずの祭典を、月に一度の恒例行事にしてしまっては申し訳ありません。それぞれに忙しい身ではありますが、こうして忙しく動けるのも親神様の弛みないご守護のお陰であり、教祖の親心あふれるお導きのお陰であります。年の初めにあたり私自身改めて各行事に込められた思いを見直してみたいと思います。

「人の丹精」二月

先月の春季大祭の講話にて、真柱様は「稿本天理教教祖伝」第十章「扉ひらいて」を元に教祖が現身をお隠しになられた当時を振り返りながら、年祭を勤める私たち用木の在り方をお諭しくださいました。中でも当時の官憲の取り締まりの厳しい中、「教祖の仰せ通り『おつとめ』をすることを躊躇していた人々に、教祖は『さあさあ月日がありてこの世界あり、世界ありてそれぞれあり、それぞれありて身の内あり、身の内ありて律あり、律ありても心定めが第一やで。』とお言葉を下され、この世の成り立ちの順序を示して、改めてこの世の一切をお造り下された月日親神様の思召しに沿い切る心定めが第一だと、物事の思案、判断を間違えないようにお諭し下さいました。」と述べられ、「教祖がお求めになっていたのは、その思召しに沿い切る神一条の精神であり、たすけ一条の根本であるつとめの実行でありました。このわが身どうなってもと、神一条の精神で勤められたおつとめをお受け取りになって、これでつとめの完成のめどが立ったと安堵して現身をお隠しになったと思うのであります。」と述べられました。また、「官憲の圧迫ゆえとは申せ、お勤めを手控えていた状態から、教祖の身上を通して人々の成人を促し、ついに白昼堂々と勤めるまでに導かれた過程は、ひながた五十年を締めくくるお仕込みでありました。そこから、さまざまなご教示をくみ取ることが出来ますが、その一つに、お道の人材の仕込み、育てるうえでの手本、手掛かりを見出すことが出来ると思うのであります。導き育てる側についていえば、まず、一通りのことをきちんと教える。実際に手本を示すことだと思います。それから、何から何まで指示すると言うのではなく、教えられたことを各自が思案、納得し、我がものとするよう仕向けることの大切さであります。」と述べられました。

若者の育成に大きな役割を果たすのは私たち大人です。大きくは世界、日本、そして、教内においては後継者問題。誰もが今の現状を決してこれで良いとは思っていないと思いますが、どうしたら良いのか分からないというのが現実だと思います。若者たちの無気力や自己中を嘆いていないで、今こそ私たち前を歩く大人たちが、若者たちに本当の幸せの在り方、通り方を身をもって伝えなければならない時が来ているのだと思います。頭を抱えて現状を嘆いていても事態を変わりません。コツコツとできることから始めてみましょう。真面目に生きることの大切さ、一生懸命生きることの強さを身をもって伝えていきたいと思います。

「東日本大震災」　村上和雄先生挨拶

「感謝と祈り」三月

今回の大震災では、被災に遭われた方々の悲痛な心境を察すると同時に、現地の方々の助け合う姿や、国内外の至る所からの真実を届けてくださる姿に感動しております。しかし、これは祭文の中にもありましたように親神様の怒りが爆発したものだと思います。人間が助け合うことを忘れ、自分勝手に生きている姿についに親神様の残念が爆発したものだと思うのです。

私は昨年の十一月に「脳梗塞」で倒れ入院しました。そして今月「震災」に遭いました。ダブルパンチを受け、親神様から「おまえは本当に一生懸命生きてきたのか」と厳しく問われたように思いました。

日本人は祈る民族だと言われています。今私たちにできることは、震災の犠牲になられた方々のご冥福を、また被災地の一日も早い復興を祈ることだと思います。私も信仰者です。今、一用木として、今回の震災を通し一歩でも親神様の思いに沿えるような生き方（自然の恵みに対する感謝）がしたい、また今の自分にできる精一杯の救援活動を実行したいと思っています。

「伝えることの大切さ」三月

ただ今大勢の霊様方のお名前を読ませて頂き、改めて私たちは大勢の霊様にお仕込みを頂いて今日を迎えたのだと思います。時には優しく、時には厳しくお仕込み頂いたお陰で今日、善悪の判断もでき、関わる人々と仲良く暮らしております。仕込んで頂いた私たちは結構なのですが、現代の若者を見て、私たちは私たちの親や先祖が仕込んでくださったように、きちんと善悪の判断や正しい生き方を若者に伝えてきたのだろうかと反省することひとしきりです。きちんと伝えもせずに「最近の若者は」と非難している姿は、自ら自分たちの至らなさを浮き彫りにしているとしか思えません。「陽気ぐらし」とは仲良く暮らすことです。仲良く暮らすことは、自分の周りの人のために少し我慢をすることです。そんな当たり前のことをちゃんと伝えてきたのだろうか。人が人への思いやりのある暮らしをしていれば、現在のような冷たい人間関係は生まれなかったと思います。そしてついに神様の嘆きは大きな天災という形で現れました。私たちの犠牲になられた被災地の皆様には本当に申し訳ないと思っております。しかし反面、報道を通して見せて頂く被災地の皆様の姿から、私たち人間が本来在るべき姿を教えてくださっているように思います。自己中心的と言われている若者たちがお年寄りのお世話をし、避難所では皆さんが肩を寄せ合って、譲り合い助け合って生活しておられる姿を見せて頂きました。

こんな風に人間は助け合って生きていくんだよと教えてくださっているように思います。この姿を神様は望んでおられます。二度とこんな天災が起こらぬように、私たちは関わる人々と助け合って仲良く暮らすことです。そのためには前を歩く私たち大人がしっかりと後に続く若者たちに「陽気ぐらし」の基本を伝えることです。そのことが一番神様がお喜びくださることであり、ご先祖への最大の供養だと思います。

「母なる大地」 教祖誕生祭

今月十八日は、天理教教祖中山みき様の二百十三回目のお誕生日です。教祖は親神様が最初に人間をご創造なされた時の、母親いざなみの命様の御魂をもってこの世にお生まれになり、旬刻限の到来と共に月日のやしろとお定まりになり、五十年のおひながたをお通りくださいました。

昔から世間で「母なる大地」と申します。天理教でも「女は道の台である」と申します。また、お勤め第二節「ちょとはなし……」の中でも「地と天とをかたどりて　夫婦を拵えきたるでな」とお教え頂きますように、天は男の理で、地は女の理であります。しかし、いくら天が男の理だからといって威張ってみても、それを受ける地面が無かったらどうしようもありません。また物を作る時には必ず台が要ります。台が無ければどんな素晴らしいものを作っても使えません。家も土地が無ければ建ちませんし、車も道が無ければ走れません。台が有ってこそいろんな物が活用できるのです。正に台が無ければ「台無し」であります。私たちはこの動かない万物を支えてくれている大地が有るから安心して生活ができるわけです。

今回の震災は、この動いてはならない大地が動いてしまいました。大地が動いたことで津波が起こり、大勢の犠牲者を出し、原子力発電所が壊れて私たちの生活が脅かされています。改めて大地の偉大さと恐ろしさを知らされました。全てのものが大地の上で成り立っています。その大地が大きく動いたら、上に有るものはことごとく崩壊してしまうのです。大地は何時の時代もどっしりと構えて動かないでいてほしいものです。家庭においても地の理である母、妻はどっしりと構えて家を守っていて欲しいものです。言い換えれば、母、妻にどっしりと構えて家を守っていてもらえるような父、夫でいなければならないのだとも思いました。俗な言い方ですが、地の理を持った母や妻を怒らせると怖いということです。地球で言うと、大地が怒れば、地球上の万物がぐらついてしまうように、家庭の中において母が、妻が怒れば家庭が崩壊するということです。

本日は母親の魂を持ってこの世にお現れになった教祖のご誕生をお祝いすると同時に、今回の震災で母なる大地が大きくぐらついたことから、この機会に、万物が育つための土台である土地の偉大さと同時に、改めて地の理を持った女性を大切にしたいと思いました。

「理と情」五月

先月二十七日は毎年恒例の直属教会長の会である「かなめ会」の総会が行われました。席上、真柱様は、このたびの震災について「親神様の懐に抱かれて限りない慈しみの中で生かして頂いている私たちにとって、大地の変化によって起こる震災の姿は、自分でも気付かないうちに人間思案のやすきに流れ、神一条の教祖のお心との間に隔たりを生じていることに対して、親神様が残念に思し召す厳しいお仕込みである」と述べられ、私たちの通り方について「銘々の人間思案や社会の風潮に流されることによって、教えを自分勝手に歪めてはいないか。教祖のひながたに心の拠り所を求めること、この元にかえる反省と努力こそが私たちの心の成人である」とお仕込みくださいました。

また教会という所は「親神様のご守護に感謝し、教祖の教えに勇む人々が寄り集まって、たすけ一条の上にしっかりと勤めさせて頂こうと、その設立を願い出たところに、親神様から許されてできたのが教会である」と述べられ、この会の名称である「かなめ会」は、扇の要に由来し、扇が要を中心に開くように直属の教会長は教勢の伸展を担う中核としての自負が込められている会の名前だと思うと述べられ、「その教会長が心の置き所を誤り、歩むべき方向を間違えたら、その後に付いてくる人々の歩みを皆狂わせてしまうことになる」とご指摘され、「形の引き継ぎを持って良しとせずに、心の引き継ぎに努めて頂きたい」と締め括られた。

私も教会長になって五年目を迎えました。最近つくづく思うことは、物事の判断をする時に、好き嫌いという「情」に惑わされず、善し悪しという「理」で判断することが肝心であるということです。人の悩みに遭遇した時、ついかわいそうにとか気の毒にといった「情」に心奪われてしまいがちですが、そうした優しさも大事ですが、本質を見失わないことです。良いと分かっていても嫌いだからしない。悪いと分かっていても好きだからしてしまう。これでは物事の解決にはならない。嫌いでもしなければならないことがあり、好きでもしてはいけないことがある。この判断ができて、それに向かって行動できていれば問題は起こらない。それぞれが自分勝手に思いを通すからお互いの人間関係にズレが生じる。このズレが今回大きな地面のズレになり、大きな地震となって表れたのではないだろうか。お互いが相手のことを思いやり、相手を立てる所に大きなズレはなくなるように思います。陽気ぐらしとは一人一人が相手のために少し我慢することです。

「日めくり」六月

祭文の中でも申し上げましたが、今月をもって「会長就任奉告祭」から四年の月日が流れました。今も思い出すのは当日の真柱様のお言葉です。会長には「一日一日経験を重ねて皆から信頼され慕われる会長になって欲しい」とお仕込みくださり、信者さん方には「伸びるのも節からならば、折れるのも節からです。この教会の先行きは本日お集まりの皆様方の胸次第、心次第で決まってきます」と述べられ、最後に「親神様の思し召しにふさわしい教会の姿を目指して、心を揃えてお勤め頂きたい」と締め括られました。

新米会長の私も五年目を迎え、いつまでも新米では通らなくなってきました。ありがたいことに日々結構にお連れ通り頂き、喜びづくめの毎日でございます。そんな中、今年の初めに出版社から「日めくり」の依頼が来ました。私はどんなことも頼まれることは神様のご用と思い、できるだけ受けることにしておりますので、早速、制作に取り掛かりました。殊のほか早くでき上がり、六月発刊予定が五月初旬には店頭に並んでおりました。そしてその間にあの大震災が勃発しました。出版社から「先生の日めくり、被災地に届けてあげてはいかがでしょう、きっと元気を出して頂けますよ」と言って頂き、改めて自分の作品を読み返してみました。本当に不思議なことに被災地の人のために作ったのかしらと思えるようなものがたくさん含まれていました。早速、被災地の教友へ届けました。

内容をいくつか紹介します。

「有難いとは有ることが難しいと書きます。今自分に与えられているものは与えられてない人からすれば羨ましい限りです。今の与えをよろこびましょう。有難いと思う心によろこびが湧き、有ることとが当たり前という心によろこびはありません」

「辛い苦しい事のない人生なんてありません。辛い苦しい練習もせずに得た勝利などよろこび薄いものです。辛い苦しい事は飛び上がらんばかりのよろこびを手に入れる為に必要なものなのです。辛い苦しい事から逃げようとしているあなた、そこから逃げないで先のよろこびを信じて今を頑張りましょう」

「世の中には無いことや失うことで気付くことがあります。有る中では有ることとに気付けません。無いということが有ることとに気付け、失うことでその物の価値に気付くことがあります。だから無いと言って嘆いたり、失ったものをいつまでもくよくよ考えるのは辞めましょう」

などです。ご活用頂ければ幸いです。

「すべてご守護」七月

私は久々に「痛風」の身上を頂戴しました。有難いなあと感謝しています。時々こうして身上を頂かないと健康が当たり前になってしまいます。

以前、こうして同じ身上を頂戴するのは、学習能力が無いからだと思っていましたが、今回、こうして何度も同じ身上を頂戴することで、一度だけでなく、二度三度と思案をする機会を与えてくださっているのだと思えるようになりました。私の場合、一つの身上で、五つも思案することができたのです。なんと有難いことでしょう。

「痛風」の悟り

①贅沢病と言われるが、食事で贅沢をしているとは考えられない。でも贅沢病と言われるのだから何かで贅沢しているのだろうと考えたら、心の贅沢をしていることに気付いた。周りの人からちやほやされて調子に乗っている自分に気付き、反省しました。

②足は運ぶ道具だから運びが足らないのだろうと考えたが、身の運びはそれなりにやっているように思えた。そこで運ぶのは身だけでなく、心も運ぶことが大切なのだと気づかせてもらった。

③足という字で思案してみようと思った。満足、不足という漢字に足が使われていることに注目。足は体の中で一番下にある。その一番下にある足に障りを見せられたということは心が高くなっていたのかもしれないと反省。

④足という言葉の使い方で思案してみた。予算オーバーの時「足が出た」という。お金を集める時に「お足を頂戴します」という。足とはお金のことを言っていることに注目。お金の使い方を今一度考えようと思った。

⑤足は走る、歩く道具。ところが足に身上を頂くと急げない、前へ進めない、と言うことは急ぐな、待て、と神様がブレーキを掛けてくださっているのだから、物事の結果を急がず、じっと待つようにしてみようと思案、などなど。

私たちは自分に都合のよい時はご守護を頂いたと言い、都合の悪い時はご守護を頂いたとは言いません。私は今回の何度も繰り返す身上を通して、その度に思案をして一歩でも成長させて頂ける姿から、むしろ自分に都合の悪いことが自分を磨くチャンスなのだから、自分に都合の悪いことこそご守護じゃないのかと思いました。勿論その都合の悪いことを乗り越えてのことですが、本当にすべてがご守護です。

「心に力を付けるチャンス」八月

私は先月、日頃、自分に都合のよい結果が出た時はご守護を頂いたと言い、都合の悪い結果が出た時はご守護を頂けなかったなどと言っていますが、今回私は何度も繰り返す「通風」の身上を通して、少しは成長させて頂けているのではないかと感じています。そうした姿から、むしろ自分に都合の悪いことが自分を磨くチャンスなのだから、自分に都合の悪いことこそご守護じゃないのかと思うという話をしました。

どんなに素晴らしい目標も努力なしに成就できるものはありません。成就した喜びは日ごろの努力の結果であります。一番分かりやすいたとえが、スポーツの世界にあります。凄い記録を持っている人や、常に優勝争いに顔を出すチームのほとんどが、日頃の練習に心血を注いでいます。傍から見たら気の毒に見えて「もうやめたら」と声をかけたくなります。でも目標をしっかり定めている人たちはやめません。それは彼らがこの辛いしんどい練習が自分たちの力になっていることを知っているからです。

私たち信仰者も「陽気ぐらし」をするためには、心に力を付けなければなりません。その力は楽々の通り方では付きません。スポーツ選手が歯を食いしばりながら厳しい練習をして体に力を付けるように、私たち信仰者も、神様から私たちの心に力を付けるためにお見せくださる身上や事情の中、歯を食いしばって頑張って乗り越えてこそ、心に力が付くのです。

日々の暮らしの中で何の身上（病気）も、事情（トラブル）も頂かずに自ら心を鍛えられる人がいるとすればそれは最高です。でも私のような凡人には無理です。やはり神様から身上事情というトレーニングメニューを頂いて、それをこなしていく中で心に力を付けていくのだと思います。そう考えると日ごろ身上も事情を頂かず、面白おかしく暮らしているということは心に力を付けるチャンスがないということになります。

身上や事情を頂いて嬉しい人などいませんが、身上や事情を頂かないと心に力を付けることが難しいと考えると、正に身上や事情は心に力を付けるチャンスです。だから、日常生活の中で思い通りにいかないこと、このことを通して心に力を付けることができると思うと、思い通りにいかないことこそ神様からの最大のプレゼントだと思うのです。

「心と身体と魂」九月

今月は秋の霊祭を勤めさせて頂く例の月でございます。改めて霊様方のご霊徳を讃え、ご功績に感謝を捧げさせて頂きたいと存じます。

祭文の中に「天理教では独自の『出直し』説があります。私たちの身体は神様から陽気ぐらしをするためにお借りして、期限が来たらお返し、また新しい身体をお借りしてこの世に現れるのだという説であります。この場合の貸主は親神様で、借主は私たち一人一人の魂が借りているのです。この一人一人の魂の徳に相応しい身体をお借りして自由に使える心でこの世で生活しております。そして『魂は生き通し』と教えられます。今生使った心遣いが、この生き通しの魂に徳を付けたり、削ったりしているわけです。また、この魂に徳を付けたり、削ったりするのは私たち個人という範囲だけではなく、人に喜んでもらった理がそれぞれの魂の徳になっていくのだと考えたら、こうして私たちを支えてくださった霊様方の霊にお礼を申し上げることでご先祖の霊様たちの魂に徳をつけさせて頂けるのだと思うのです。」と書かせて頂きました。

このように今は亡き霊様方の魂に徳をつけさせて頂けるのではないかという思案ができたのは、十年前に家内を亡くして気が付きました。家内はクモ膜下出血で即死でした。当時の私は家内に苦労ばかりかけて、何もしてあげられず、突然出直されたことに悔しい思いばかりが頭の中を巡っておりました。そんな時ふと「魂は生き通し」という言葉が頭に浮かびました。そして、その言葉から家内の身体はなくなっても家内の魂は存在していることに思い至りました。そして今からでも妻にしてあげられることがあるではないかと気がついたのです。それが、生前の家内に感謝してお礼申し上げることで、家内の魂に徳を付けて上げられるということでした。この気付きは私の心を明るくしてくれました。家内のためにしてあげることが残っていたことはこの上ない喜びでした。生前の家内のことを喜び感謝して通ることで家内の魂に徳が付き、家内が今度生まれ変わってきたときには今生よりも少しは丈夫な体をお借りできるに違いないと思ったら嬉しくなってきました。

どうぞ今月の霊祭の機会に、皆さんの身近におられた霊様方のことを思い出して、しっかりとお礼を申し上げさせて頂きましょう。

「天理の話」十一月

今月初めに、知人（教会長）の運営する保育園の参観日に呼ばれました。ご父兄のほとんどが未信者の方ということで、教語を使わずに「人間は陽気ぐらしをするために生れてきたのだから、みんな幸せになれるのだ」という天理教の根本教理を伝えて欲しいということでした。教語を一切使わずに「陽気ぐらし」の話をするのは初めてでした。内容は体験談を三つ話しました。一つ目は若い頃社会で働いていた時に出会った厳しい上司とのやりとりを通し、自分の心を低くすることでその厳しいと思っていた上司が優しく見えてきたことから「自分の心が変われば、見える実際の景色は変わらなくとも、心に映る景色が変わってくる」という話。二つ目は当教会の初代会長夫人である親奥様（当日は抵抗が有りましたが、私の尊敬するおばあさんと話しました）と一緒に交通事故に遭った時の話で、親奥様は加害者に命の恩人とお礼（死を基準）を申され、私はぶつかる前に気がついてくれと不足（無傷を基準）に思った話を台に「心の基準をどこに置くかで幸不幸に分かれる世界がある」という話。最後に妻の死を通して、人間は相対の世界（何かと比較をしないと物事の認識ができない）に生きているのだということを台に、世の中にはすべて相反するものが二つで成り立っている。熱いと冷たい、明るいと暗い、これらもどちらか片方だけでは我々人間は認識できない。表だけのものは無く必ず裏が有り、プラスだけの人生は無く、その裏には必ずマイナスが有る。しかし、自分の意思で要らないものを捨て、欲しいものを手に入れたのなら納得もいきますが、自分の意志に関係の無い「失う、得る」は納得がいきません。でも現実は、わめいても叫んでも変わりません。変わらないのならこの現実を受け入れるしかありません。私は「これからは父親の喜びだけでなく、母親の喜びも手に入れたラッキーな男なのだ」と自分に言い聞かせて頑張ってきました。実際、母親の役を演じることで、育てている者にしか味わえない喜びを知ることができました。この母親の喜びを我が子だけでなく、周りの人々にも感じられるような生き方ができたら、これほど素敵な生き方はありません。必ず物事にはプラスとマイナスがあります。いかにプラスを見つけることができるかが幸不幸の分かれ目です。と話して講演を終えました。

後日、ご父兄の皆さんから「感動しました。不足をしていた自分が恥ずかしいです」「今の自分がいかに恵まれているかということに気付かされました」などと書かれたお礼の手紙を頂きました。

「一年を振り返って」十二月

祭文の中に「(前略)今年一年を振り返って思い出すことはやはり三月十一日の東日本大震災であります。その被害は原子力発電所の崩壊により放射能の危機にさらされ、更に、またその後の九月の台風では西日本にも甚大な被害をもたらしました。こうした天災は、神様の国全体、あるいは社会全体へのご忠告であると受け止め、一人一人が真剣にこの天災を通して考えなければならない旬であると思います。個人個人の心得違いは、個人への身上や事情という形でお知らせいただきますが、こうした天災は、個人の問題ではなく、国や町の復興は、みんなで助け合わなければできません。まさしく「陽気ぐらし」は一人では成り立たず、組み合わされた人々が助け合っていく所に見えてくるものだと教えられているように思います。その組み合わされた最小単位が夫婦であり、家族であります。この夫婦、親子が仲良く暮らしていく姿こそが、先の明るい社会を築く最短の道であることをお教え下さっているものと思われます。（後略）」と書かせて頂きました。

いつも同じことばかり申しますが、この組み合わされた夫婦、親子、兄弟が仲良く暮らすことが「陽気ぐらし」には一番大切な角目であります。いくら外で活躍しても、世間の人が認めてくれても、最も身近な家族と仲良くできていないというのは、真の陽気とはいえないのではないかと思います。どうか今年一年を振り返って反省すべきところは謙虚に反省して、新たな年が今年よりも少しでも明るく陽気な世界になるよう頑張ってみてください。皆が仲良く暮らすということは一人一人が少し相手のために我慢する努力が必要なのではないかと思います。

かく述べている私が一番反省しなければならない張本人でありますが、なんとか今年も無事に皆さんのお陰で終えようとしています。今年一年教会の上に、また教会で住まわせて頂いている私たちの上に多大なるお力添えを頂きましてありがとうございました。来年もどうぞ教会の上にお力添えいただき、私会長をはじめ教会に住まわせて頂く者たちにも温かい目でお見守り頂き、ご支援頂きますよう、よろしくお願い申し上げます。

立教百七十五年（平成二十四年）

「成人の姿」春季大祭

今月は祭文の中でも申し上げましたように、教祖が私たち人間の成人を急き込む上から二十五年の定命を縮めて現身をお隠しになられた月であります。今月の春季大祭のおつとめは、その教祖の定命を縮めてまでも人間に成人してほしいと望まれた思いに、今一度思いをはせ、新たに成人の道への歩みを誓うおつとめであります。

ところで、教祖のお急き込みになる我々人間の成人の姿とは具体的にはどういう姿のことを言うのでしょう。それは人間をこしらえられた親神様の思いに沿えるような生き方をすることです。親神様の思いとは「人間の陽気に暮らす姿を見て共に楽しみたい」との思いであります。私たち人間が陽気に暮らす姿を望んでくださっているのです。有難いことです。では、私たち人間が陽気に暮らすということはどういう姿のことを言うのでしょう。個人的な姿は、一言でいえば何不自由のない生活を送れることでしょう。何不自由のない世界とは、どういう姿のことを言うのでしょう。単純に考えると、人や物に恵まれることでしょう。ただし、人には好き嫌いがあり、ものには限りがあります。自分が万人に好かれるということは不可能ですし、限りある資源である物に恵まれるということは、誰かがその分恵まれない人ができるということです。これでは個人は満足しても、皆と共にとはなりません。

先人の先生に教祖は「神の道について来るのに、物に不自由になると思い、心配するであろう。何んにも心配する事は要らん。不自由したいと思うても不自由しない、確かな確かな証拠を渡そう。」（逸話編一五「この物種は」）というお話があります。この話は信心していれば、物や金に不自由しない日が来るから安心しなさいという話ですが、私はこの「不自由したいと思うても不自由しない」という世界は、物や金に満たされるという単純な意味だけではなく、この話の奥底には、どんな状況のもとにあっても喜べる世界、どんな状況の中も不自由に感じることのない世界、すべて喜びに受け止められる世界、その心を持った人が味わえる世界が、真に「不自由したいと思うても不自由しない」という世界なのではないかと思ったのです。

こんな心を持てば、何が無くてもどんな人と組み合わされても喜びづくめの世界に生きることができるのではないかと思ったのです。こんな生き方こそ親神様が望まれている生き方ではないのか。こんな心を作ることが成人の姿ではないのかと思ったら心がうきうきしてきました。

「下山の思想」二月

先月の春季大祭で真柱様は、教祖が身をお隠しになられた当時を振り返りながら、弾圧厳しい中での「おつとめ」することを躊躇された先人たちに「神が怖いか、律が怖いか」と迫られ、「律ありても心定めが第一やで」と諭されたことを台に、神様のご守護の中で生かされているお互いは、神様の思いに沿うような生き方を心がけるべきだとお諭しくださいました。正に私たちは「火水風が一の神」と仰せ頂くように、神様が身の内に入り込んで「温み、水気、息一筋」で生かされています。火水風のご守護の一つでも欠けたら生きていけません。このご守護を日夜絶えることなくお与えくださっている神様に見放されたら一瞬たりとも生きていけません。以前ある先生から「十全のご守護の説き分けも覚えているだけでは意味がない。日常生活の中で活かしてこそ価値である。例えば、熱が出たら、温み（をもたりの命）のご守護の頂き過ぎで、潤い（くにとこたちの命）のご守護が頂けていないということだから、潤いのお礼や感謝の言葉をもっと出すように心掛ければ良い」と仕込んで頂いたことを思い出しました。なるほどと得心したものです。そこで、ふと今回の震災を振り返った時、災害の大きな被害の原因は大津波でした。津波は水です。これは熱の悟りの反対で考えてみると、潤いを頂き過ぎて温みが足らないということになります。潤いが温みに対する感謝の気持ちなら、温みは人への思いやりではないかと思ったのです。神様が現代の私たちに、人への思いやりや、優しさが欠けているとお仕込みくださっているように思いました。

またある方から「昨年の震災や今年に入ってからの寒波による被害を見ていると、人間の力は自然の前には無力で、まさに『下山の思想』に共感してしまいます」という内容の手紙を頂きました。『下山の思想』とは、今注目の五木寛之さんの小説です。内容は、人生を登山にたとえて「登山は下山して初めて成功と言える。しかも登山の醍醐味は下山にある」と述べ「山を登っている時は足元しか見ていないが、下山の時は色んな景色が見える余裕ができる。人は下りていくことを嫌うが、下りて行かなければ次の登山はない。下山は次の登山のためのプロセスなのだ。今日本は、敗戦後頑張って、経済大国と言われる所まで上り詰め、いろんな意味で下山の時である。下山の時を嘆くことはない。下山の時こそ次の挑戦を夢見て楽しもう」と非常に前向きな発想であります。還暦を迎えた今、私も人生の下山を楽しもうと思いました。

「魂は生き通し」 三月

今月は霊祭を勤める月であります。天理教では「魂は生き通し」と教えられています。今この場所に数十人の方がおられますが、この人数分だけここに魂がある訳です。そして、それぞれの魂の徳にふさわしい身体と環境を神様から与えて頂いてこの世に存在している訳です。朝夕お仕えしているご先祖の霊様方の中には、私たちの魂に身体を借りて生きておられた先祖が何人もおられます。言い換えれば、私たちは自分の魂にお礼を申しながら日々暮らしているわけです。今、生かされている私たちも、いつかこの身をお返しする日がやってきます。そして、新たにそれぞれの魂の徳にふさわしい身体と環境をお借りして、この世に生れてくるのです。ということは、今の自分の姿は前生、前々生から積んできた魂の徳にふさわしい姿をお与えいただいているわけです。だから一人一人容姿も違えば特技も違う訳です。更に、今生使っている心が今の魂に徳を積み、来生の自分の姿を決めていくのです。「死んで花実が咲くものか」と言って、生きている内に好き勝手していると、折角前生から積んできた魂の徳を減らして、辛い来生を迎えることになってしまうかもしれません。ではどうすれば魂に徳を積むことができるのでしょうか。それは人様に喜んでもらう生き方をすることです。人に喜んで頂いた理が、魂の徳として積んでいかれるのだと思います。また、私たちが快適に暮らすには、健康な身体と過ごしやすい環境が必要だと思うのですが、そうした身体や環境は全て火水風のバランスだと思うのです。火水風は私たち人間が生きていくためには無くてはならないものですが、有り過ぎても困ります。火のご守護を頂き過ぎたら、火事になり、水のご守護を頂き過ぎたら水害です。風のご守護を頂き過ぎたら竜巻、台風です。快適な暮らしには火水風のバランスが必要です。昨年の東日本大震災で大きな被害をもたらしたのは津波という水害でした。水のご守護を頂き過ぎたのです。バランスから言えば火のご守護が十分に頂けていない姿であります。火のご守護とは「温み」であります。「温み」とは、人への思いやりであり、優しさであります。

今回の震災は、神様が私たちに、今の日本は、物の豊かさに溺れて幸せに暮らすために最も大切な、人への優しさや思いやりを忘れているのではないかと仰っているように思いました。先日震災から一年ということでテレビ各局が震災のドキュメント番組が放送されました。その中で外国の方がインタビューに「何もかも無くされた被災地の皆さんが、譲り合って、助け合って、励まし合って暮らしておられる温もりに感動しました」と答えておられました。私はこの外国人の「温もり」という言葉を聞いて「これだ！」と思いました。

今回の震災を通して、本来在るべき人間の姿「譲り合い、助け合い、励まし合って暮らす」ということをもう一度、胸に刻んで生きていこうと思います。

村上和雄先生ご挨拶　三月

学者というものは、狭いことは分かるけれども大きなことが分からないことが往々にしてあります。今回の地震についても多くの学者が全く予知できなかったと言って茫然としておりました。この地球は四十六億年前から有り、人間は誕生してわずか二十万年です。今回の震災の被害の責任の一端は、私も含めて地球を分かったような気になっていた学者たちの傲慢さにもあったのではないかと反省しております。

話は変わりますが、震災前後から本を沢山書きました。「奇跡を呼ぶ百万回の祈り」「幸せの遺伝子」「スウィッチ」「科学者の責任」など、興味がある方は読んでみてください。中でも「スウィッチ」という作品は、私の大学時代から現在までの五十年の歩みをドキュメントとして映像化されたものです。内容は、石川遼君のような素晴らしいプロゴルファーが誕生したのは前向きに明るく育つ環境が大きな影響を与えたという話。また、JR福知山線の脱線事故で瀕死状態だった鈴木順子さんが母親の献身的な看護で奇跡を起こした話。最後に映画「四分の一の奇跡」を作った主婦の話。これはアフリカでマラリアの発症率が非常に低い部落があり、調査の結果、その部落の人の赤血球の形が鎌形をしていてそれが影響しているという話。詳しいことはＤＶＤをご覧ください。

さて、昨年私は「瑞宝中綬章」を受章致しました。その祝いに十一月三日、教え子たちが百人余り集まって祝ってくれました。大変嬉しく思うと同時にこんな賞を頂けたのは、優秀な教え子たちに恵まれたからであります。私は研究者としては一流だとは思っていませんが、こんな私でも一流になれる時があります。それは流れに乗れた時です。この流れに乗れたのは親神様の力（サムシンググレート）は勿論のこと、両親をはじめ多くの先祖のお陰だと感謝しています。このご恩をお返しする道は、この素晴らしい親神様・教祖の教えを科学者の立場から、できるだけ分かりやすい言葉で多くの人に伝えることだと思っています。

今回の震災は、親神様からの厳しいお仕込みではありましたが、反面、日本が生まれ変わる良い転機にもなっていくだろうとも感じています。昨年、ダライラマ法王が来日した際、「日本は六十六年前に敗戦し、どん底の中から見事に立ち直ってきました。日本には底力があります。今回もきっと立ち直ることを確信します」と。

今回の原発の崩壊は、日本人の心の崩壊を親神様が嘆いておられるように思いました。被災地の形の復興と共に、私たちの心の復興が望まれているように思います。そして、復興を目指す日本は、きっとこれから世界に役立つ国になると思います。私はこれから、日本がそうした国になれるための努力をしたいと考えております。それが親神様・教祖、ご先祖、両親への恩返しであり、また、国から多くの支援を頂いて研究を続けさせて頂けた国民の皆様への恩返しにもなると思っております。勇んで恩返しの道を歩んでいこうと思っています。ありがとうございました。

「魂は徳の貯金通帳」教祖誕生祭

今月十八日は教祖の御誕生日でした。教祖は人類創造の際、母なる「いざなみの命」の御魂を持ってこの世にお生まれになったとお聞かせ頂いております。母とは我が子をはぐくみ育て、我が子を喜ばせるためには我が身を犠牲にできる力を持っています。しかもその犠牲は子供の喜びに直結しているという喜びであります。何と凄いことでしょう。我が身を犠牲にしてでも子供の幸せを望み、その喜びを見て子供以上に喜びを感じることができるのです。この喜びこそが教祖が私たち人間に望まれている姿ではないでしょうか。

先月の話に重複しますが、私たちの「魂は生き通し」でありますから、一つの魂が生まれ変わり、出替わりしてこの世に存在するわけです。私はこのことを、魂という貯金通帳を前生前々生から受け継いで今を生きているんだと考えてみたらどうかと思ったのです。一人一人魂という貯金通帳を持っていて、それぞれの代で貯金をしたり、引き出したりして次の代に引き継いでいくのだと考えてみたのです。そう考えると裕福な家庭に生まれたり、貧しい家に生まれたり、生まれつき病弱な身体で生まれてくるという不公平さも、前生から受け継いだ魂という貯金通帳の結果だと思えば、少しは納得ができるような気がします。現に通帳に大金が有れば、大概のものは買えますが、通帳にお金が無ければ何も買えません。いくら人の通帳の中身を羨んでみたところで自分の通帳にお金は貯まりません。欲しいものを手に入れたければ貯金をすることです。これを「魂」の貯金通帳に置き換えてみたら、徳という貯金が無ければ物も、金も、健康も手に入りません。貧乏で病弱だからと言って裕福で健康な人を羨んでみたところで、何も状況は変わりません。それならば現実から目を背けず来生の自分のために頑張って徳という貯金を殖やすことです。

幸い、人間の幸せ不幸せは、裕福だとか、健康がもたらすとは限りません。心が決めるのです。大切なことは、今の与えが今の自分に最もふさわしい与えなのだと自覚して、今の与えを喜ぶことです。どんな中にも喜びを見つけ出す力を身につけた人が一番の幸せ者と言えます。こうした力を教えてくださっているのが「教祖のひながた」にあります。傍から見て、どんな不幸な状況にあっても、その中を心倒さず勇んで通ってこそ「魂」に徳を積む最大の方法です。

私たちは皆、親神様からこの身体をお借りして暮らしています。健康な人も病弱な人も、このお借りしている身体に感謝して日々通ることが幸せへの近道です。そうした通り方を求めることが、この身体をお貸しくださっている親神様への最大の親孝行であり、この教えを伝えてくださった教祖への最大の誕生日プレゼントになるのだと思います。

「再出発」五月

皆様には大変ご心配とご迷惑をおかけしております。ただ今入院中でございますが、三時間の外出許可を得て参拝とご挨拶に帰らせて頂きました。

去る十一日午後四時前、にわかに腹部に激痛が走り、痛みが尋常でなかったので急いで救急車を呼んで病院へ搬送してもらいました。病院へ着くなり、医師が私の苦しむ様子を見て「虫垂炎ですね。しかも腹膜炎を起こしている可能性大です！　至急手術しないと危ない」との診断。ＣＴ、レントゲン、血液検査等の結果、案の定、腸が破裂して腹膜炎を起こし、中は膿だらけで、既に血液にも菌が回っていました。直ぐ手術が開始され、四時間を経て無事病室に戻ってきました。手術内容は、腹膜内の膿を五リットルの水で洗浄し、破裂した部分を切除して大腸と小腸を接合するといったものでした。

幸い教会から病院までの距離が近かったおかげで手遅れにならずに済みました。術後、医師から「もう少し運ばれてくるのが遅かったら危なかったですよ」また「相当痛かったはずです。我慢するにも限度があります」とお叱りを受けました。

世話人の松田元雄先生も病院へ駆けつけてくださり、「失いかけた命を助けて頂いたのは、神様がまだご用に使ってやろうとの親心からだと思う。だからしっかり神様の期待に添わせてもらうよう、これからも通らせてもらいなさい」とお仕込みくださいました。また、内統領山澤廣昭先生（以前、専修科職員時代の上司で、現在でも親しくお声をかけてくださる）からも「点検整備の旬に、大難を小難にお見せ頂き、これもご守護なんでしょう。理の子をはじめ、我が子のためにも、一念発起、ネジを巻き直して頑張ってください」と激励のメールを頂きました。本当にお忙しい先生方の温かい思いやりの言葉に胸が熱くなりました。

術後単純な私は、生まれて初めての手術と入院。これでまた一つ貴重な経験をさせて頂いたと喜んでおりました。医師からの説明で、命に関わるような事態が起きていたと知らされ、我がことながら驚きました。今年の一月に還暦を迎え、漠然とゼロから出発だなと思っていた矢先にお見せ頂いた節でありました。妻が出直して十一年。仕事と家事の両立を何とかやってきました。こんな長期間家を空けたことがありませんでした。家のことが心配でしたが、ベッドの上での生活ではどうしようもありません。ところが入院中、子供たちは協力をして家事をこなし、おまけに私の世話まで小まめにしてくれています。私の中ではいつまでも世話のかかる子供たちという認識でしたが、子供たちはそれぞれに成長していたんです。今回の入院でそのことに気付けたのも大きな気付きでした。これからは子供たちにも甘えようと思いました。

「天理の教え」六月

今年度から「陽気ぐらし講座」の講師の任命を頂きました。基本的に天理教の言葉を使わないということになっています。そこで私は、天理教の話をせずに、天理の話をすればよいのだと思いました。ややこしい言い方ですが、天理教の話は「信仰者として…」、天理の話は「人として…」という話だと思ったのです。むしろ幸せな生き方を望むのなら、難しい信仰者としての悟りの話よりも、人として目の前に現れた現実をどう捉え、どう乗り越えていけばよいのかという話の方が肝心だと思ったのです。幸せな生き方を目指す話は結局のところ陽気ぐらしの話になっていくと思うのです。私の話の内容は、終始自分の体験談を元に「心の話」でまとめました。体験談の数は所要時間によって異なりますが、概ね三つ四つは話せます。

一つは人間関係のもつれは相手を責めていては解決せず、自分の落ち度を見つけることで解決することが多い。言い換えれば、自分の心が変われば見えている景色は変わらなくても、自分の心に映る景色が変わるという話。

二つ目は、親奥様（初代会長夫人）と一緒に交通事故に遭った時の話で、親奥様はその加害者の運転手さんに「貴方は命の恩人です。貴方がもう数秒ブレーキを踏むのが遅かったら私たちは出直しておりました」と喜ばれ、私は自分の車に傷が付いたことに不足をしていたのです。同じ車に乗り合わせながら喜びと不足に分かれたのは、「死」という大難を基準にするのか、「無傷」という無難を基準にするのかで大きく幸不幸に分かれたという話から「心の基準」の話。

三つ目は、妻の「死」を通して、世の中は全て「喜びと悲しみ」「明るいと暗い」「表と裏」といったお互いに相反するもの、いわゆる「二つ一つ」で成り立っているという話から、妻を失った私は母の仕事を得ました。でもこの「失うと得る」は私の望まない姿でした。そして慣れない子育ての中から、育てる者にしか味わえない喜びを知ることができたという話。喜びは辛い苦しい中を乗り越えてこそ感じるものです。

最後に先日、突然急性虫垂炎から腹膜炎を起こし緊急手術をして、入院生活を余儀なくされた話。二十日間のベッド一つが我が世界を経験して、お世話されて初めて知る人の温もりや優しさ。一見辛い苦しい出来事もマイナスばかりではない。どんなことにもプラスがあることを伝え、そのプラスが見えるようになったならば、「陽気ぐらし」は誰にでもできるのだと一人でも多くの人に伝えたいと思います。

「伝えたい」七月

ただ今祭典を終えて「ああ！　生きているんだ」と心から喜ばせて頂いております。去る五月に腹膜炎で病院へ運ばれ、後ほんのわずか搬送が遅れたら命が無いというところを助けて頂き、今生きていることが当たり前ではないのだとつくづく感じながらみかぐら歌を唱和させて頂きました。

考えてみますと、私ども家族は、家内は十一年前にクモ膜下出血で出直してしまいましたが、子供たちも皆、それぞれ無い命を繋いで頂いて生きております。長男は出産時、原因は不明ですが、母体の羊水が異様に混濁していて仮死状態で生まれ、三日の命と宣告をされましたが、医師も驚くような回復力で正常に育ち、間もなく三十歳になります。現在、結婚もして子供もお与え頂いております。年子で生まれた次男は、出産後の定期健診で「三尖弁閉鎖不全」という先天性の心臓の奇形が見付かり、将来激しい運動は無理と診断されましたが、中学生の時、検診で「三尖弁」が伸びるというあり得ない姿を見せて頂き、それ以後激しい運動をしても支障なく今は普通に暮らしております。三男は出産直前に、お腹の中で一回転して逆子になりましたが、自然分娩で無事に五体満足で生まれてきました。末娘は小学校に入ったばかりの四月に、車に巻き込まれるという大きな事故に遭いましたが、幸いタイヤとタイヤの間に入ったお陰で、二十針を縫う怪我はしたものの、一命を取り留めました。今日こうして参拝をさせて頂きながら、改めて普通がありがたいなあとしみじみ思いました。

こんな喜びを感じられるのも、先日私自身が、一歩間違えば命がないという状況を経験させて頂いたお陰です。どんな事情や身上も、そのことを通していつもの何気ない普通の暮らしがありがたいことに気付くチャンスを頂いているのだと思いました。こんな風に考えられるようになったのは信仰のお陰です。「どんなに辛く苦しい事情や身上も皆、将来幸せになるために心を磨いてくださるありがたい神様からの試練なのだ」という教えは最高です。

私はこんな素晴らしい教えを、より多くの人に伝えたいと思っています。そして、伝えるには聞いてくださる人に分かるように話すことが肝心です。自分の言葉で、自分の感覚で話しても、相手に通じなければ、それは自己満足で終わってしまいます。相手に本当に伝えたいと思うのなら、相手の分かる言葉で話す努力が必要だと思います。「伝えたい」という気持ちが大切だと思います。

「役割を果たす」八月

去る八月二、三日と当教会の「こどもおぢばがえり」には、係員も含めて約五十名の者が参加させて頂きました。期間中大過なくお連れ通り頂き、行事参加や世話取りを通して生かされている喜びと共に、生きる喜びを十分に味わわせて頂きました。また今年の夏はオリンピックもありましたが、日本の選手の活躍には目を見張るものがありました。今までメダルには縁のなかったような種目でメダルを取ったり、また、水泳、体操、卓球、フェンシングなど団体戦でメダルを取るというのも今まであまりなかったように思います。更にサッカーやバレーボールなども頑張ってくれました。団体戦では一人一人が与えられた役割をこなしていくところに成果が表れます。またサッカーやバレーボールなどは仲間を信じていなければなかなか得点に繋がっていきません。それぞれが自分の与えられた役割を果たしてこそ成果は表れます。とはいえ、与えられた役割やポジションは必ずしも自分の求めていたものとは限りません。でもチームの勝利のためには与えられた役割を遂行するしかありません。私たち人生の中でも、いろんな役割が与えられますが、これもまた自分の求めていたものとは違う役割が与わってくることがあります。むしろ人生においては、その方が多いかもしれません。でも多くの人が、会社のため、家族のためにと我慢してその役割をこなしていくのです。自分のやりたいことよりも家族や会社のことを優先して頑張ってくれる人がいるから会社が、家族が守られていくのです。一人一人が自分を主張していたのでは、会社も家族も崩壊してしまいます。この人のために我慢できる力こそがより良い社会を、より良い家族を作っているのだと思います。しかも、与えられた役割が得意なことでなく苦手なことを我慢して努めた結果、我慢した者が、我慢した分だけ人間として大きくなっていくのだと思います。

私たち信仰者が心掛けている「一手一つ」も、一つの目標を決めて、一人一人が仲間を信じてそれぞれ与えられた役割をしっかり果たしていくところに大きな成果を得られるのだと思います。私もまだ六十歳、これからまだまだいろんな役割が与わってくることと思いますが、役割を全うする中に成人の道があるのだと思います。来る教祖百三十年祭に向けて一歩でも成人できるよう、与えられる役割をしっかりと努め、親神様・教祖にお喜び頂けるような成人の姿を求めて歩んでまいりたいと思っております。

「先祖に感謝」九月

今月は秋の霊祭を勤める例の月です。私たちには必ず両親が存在します。父と母がいて初めて存在するお互いであります。仮に父や母の顔も知らない人がいたとしても、父母がいなければこの世に生まれてはこないのです。しかも私たちの親にもそれぞれ二人ずついて四人、更にその祖父母にもそれぞれ二人ずつの親がいて四人、祖父母の代から合わせると十四人もの人が存在する訳で、この中の誰一人欠けても私たちは存在しない訳です。もっと遡っていけば数え切れないほどの先祖のお陰で自分たちが存在することに気付けます。

祭文に「天理教では独自の『出直し』説があります。私たちの身体は神様から陽気ぐらしをするためにお借りして、期限が来たらお返しし、また新しい身体をお借りしてこの世に現れるのだという説です。この場合の貸主は神様で、借主は私たち一人一人の魂が借りているのです。この魂の徳にふさわしい身体をお借りして自由に使える心でこの世で生活しております。」と述べました。ご先祖の中には、もう既に新しい身体をお借りしてこの世におられる方もおられるでしょう。また『魂は生き通し』と教えられます。今生使った心遣いがこの生き通しの魂に徳を付けたり削ったりしている訳です。」と述べました。大勢の霊様方のほとんどが見たこともない方ばかりですが、確かに私たち一人一人はご先祖様から「魂」というバトンを受け継いで現在生きているのです。ご先祖から受け継いだ「魂」にはそれぞれ今まで積んできた因縁があります。その因縁の中には良い因縁もあれば、悪い因縁もあります。その因縁の徳相応の姿が現在の姿なのです。天理教の「出直し」説は、私たちの魂は生き通しでありますから、今生限りではないのです。永遠に続くそれぞれの「魂」に神様から徳相応の「身体」という着物を借りてこの世に生まれ、いつかその古くなった着物、あるいは傷ついた着物を返して、また新しい着物を借りてこの世に生れてくるのですから、今生限りの命だと思って生きていると来生は大変なことになります。また「この魂に徳を付けたり、削ったりするのは私たち自身だけではなく、人に喜んでもらった理が魂の徳になっていくのだと考えたら、こうして私たちを支えてくださった霊様方にお礼を申し上げることで霊様たちの魂に徳をつけさせて頂けるのだと思うのです。」と述べました。

ご先祖の霊にしっかり感謝してお礼を申しあげましょう。そのお礼の心が回り回って自分自身の幸せに繋がっていきます。

「いよいよ年祭活動」十二月

さて、年が明ければいよいよ教祖百三十年祭を迎える三年千日の活動が始まります。先月は真柱様からご発布頂いた「諭達第三号」についてご本部より橋本武人本部員のお入込を頂いて詳しくご説明してくださいました。「この仕切られた期間は成人のスピードアップのご守護が頂ける旬なのです」と述べられ、「用木の使命はおさづけを取り次ぐことであり、身上の人におさづけを取り次ぐことはその周囲の人の事情をお助けすることにも繋がります。人と人との絆が弱まった現代社会の状況を踏まえて「おたすけは周囲に心を配ることから始まる」とか「進んで声を掛け、親の声を伝え」という風におたすけ活動の具体的な方法まで述べられ、更には「ともどもに人助けに向かうまで丹精したい」とおたすけの究極目標まで明らかにされておられます。どうかこれからの三年千日、仕切り力、仕切り根性でもって「にをいがけ」「おたすけ」に邁進して、少しでも人を助ける心へと近づいた心の成人の姿を教祖にご覧いただき、お喜び頂こうではありませんか」とお仕込みくださいました。

いよいよ年祭活動が始まります。諭達第三号の中身を単なる謳い文句にしてしまわぬように、真剣に「なるほどの人」を目指して進ませて頂きたいと心に誓っているところであります。とりわけ今年一年教会の上にお心寄せ頂き、また届かぬ会長を支えてくださったおかげで今年も何とか一年を無事に終えることができそうです。ありがとうございました。

来年も変わらずよろしくお願い申し上げます。

立教百七十六年（平成二十五年）

「心定め」春季大祭

春季大祭は、教祖が定命を縮めてまでも、私たち人間の成人を急き込まれた、その親の思いにお応えすることを改めてお誓いする日であります。

真柱様は年頭のご挨拶で、今年は教祖百三十年祭へ向かう三年千日と仕切っての年祭活動の最初の年に当たるとして、昨年十月にご発布くださった諭達第三号の内容は「年祭に向かっておたすけの活動に励もうというのがその中心であった」と強調され、その上で「仕切って歩む」「仕切って勤める」ことの意味合いについて「目標を定めて歩むことが仕切って歩むということであり、そこには普段よりも力を入れる。集中して勤めるという気持ちがなければならない」とお仕込みくださいました。

「仕切る」とは、目標を定めて頑張るということです。親神様にお喜び頂き、教祖にご安心頂けるような心を定めることです。それは親子兄弟をはじめ、関わる人々と仲良く暮らすということであり、仲良く暮らすという事は周囲に心を配ることであります。それぞれ自分にできることで周囲に喜んでもらえることを考えることです。

私は昨年、未信者の方々を対象に天理教の専門用語を使わずに陽気に暮らす生き方を伝える「陽気ぐらし講座」の講師を任命頂き、更に今年から、これから信仰しようと考えている人たちに基本教理を伝える「基礎講座」の講師も任命頂きました。考えてみましたら「陽気ぐらし講座」も「基礎講座」も共に天理教の教えをあまりご存じない方々に対してお話しさせて頂く御用なのです。今回の諭達を拝読させて頂いて、根底に信仰の原点「陽気ぐらし世界の実現」に戻ってしっかり思案せよと仰っているように感じました。そして私自身、この年祭活動の旬に未信者の方々に信仰の素晴らしさを伝える御用をさせて頂くことになったことを思い合わせると、親神様が私に、信仰の応用ではなく信仰の基本に立ち返り、人様に真実の親の思いを伝え、心一つで万人が幸せになれることを伝えてまわれと仰せ頂いているように思いました。だから、私はこのお与え頂いた御用をしっかり努めさせて頂くことを心定めにしたいと思っています。皆さんもこの「成人の旬」と言われる三年千日と仕切られた年祭活動の時期に、どんな些細なことでも結構ですから、何か心定め（親神様との約束）をして頑張ってみてください。やっただけは自分のものです。きっと三年後には「頑張って良かった」と思える喜びの日をお与えいただけるものと信じております。

「おしつけ」二月

先月の春季大祭で真柱様は、『諭達』において陽気ぐらしとは程遠い現実の世の中の姿を立て替えるべく立ち上がろうと申しました。そのためには、用木一人一人がその使命を自覚し、先ずは教えを身につけ、実践して、自らの足元から陽気ぐらしの輪を広げよう、また身の周りの人たちに心を配ることから始めて、身近なところで日常的に出来るおたすけに取り組もうと呼び掛けたのです。人だすけこそが、何よりも教祖がお喜び下さり、お受け取り下さるところであります。どうか皆さま方には、年祭を目指して、全教におたすけの気運が湧きあがり、漲るよう、今年も勇んでおつとめ下さるようにお願いしたい」とお仕込みくださいました。

ところで先日、面白い記事を目にしました。それはある心理学者が「七十歳の婦人からの相談で、実家で一人暮らしをしている九十歳の母が、キッチンが古くなったから新しくしたいと言ってきたので、いずれ自分も住むことになるのでこの際使い勝手の良い新しいシステムキッチンにするように勧めたのですが、使い慣れた古い形が良いと言って、私の言うことを聞かないのです。母を説得する方法を教えて欲しいと相談に来ました。私は『誰の家ですか?』婦人は『母の家です』。『そのキッチンは誰が使うのですか?』『母です』『では今の貴方には関係の無い話じゃないですか。お母さんの思うようにさせてあげなさい』と答えました。この婦人は、いかにも母親のために言っているようですが、将来の自分のことを考えて言っているのです。このように、多くの人はいかにも相手の事を思って説得をしているように見えますが、実はその言葉や行動の多くは自分の思いを相手に押し付けている場合が多いのです。本当に相手のことを思った発言には説得力はあるはずです」と書いてありました。

始めの方は笑っていたのですが、後の方は自分を振り返って自分の心を見透かされたようで恥ずかしくなりました。相談をされて、自分の思いを伝えても通じなかった時「貴方のためを思って言っているのに、どうして分かって貰えないのだろう」と思っていた自分、実は自分の意見を押し付けていたことに気がつかされました。

今まで相談事の解決方法は自分を相手に置き換えて考えて来ましたが、これからは、それに加えて相手の性格などを加味し、相手に納得してもらえるような言葉や行動を探りながら頑張っていこうと思います。

「絆」三月

甚大な被害をもたらした東日本大震災発生から今月で二年が経過しました。あの震災を通して私たちが学んだ「絆」の大切さを忘れてはならないと思います。教内におきましても昨年の秋季大祭で、来る教祖百三十年を目前に控えたこの三年千日の年祭活動をどのように通るかの指針として、真柱様が「諭達第三号」をご発布下さいました。この中に「我さえ良くばの風潮の強まりは、人と人との繋がりを一層弱め、家族の絆さえ危うい今日の世相である。まさに陽気ぐらしに背を向ける世の動きである」と記され「陽気ぐらしは、何よりも親神様の子供である人間が、互いに助け合って暮らす世の有様である」と記してくださいました。人と人とが助け合って生きる姿、言い換えれば私たち一人一人が人を助ける心になることこそが大切であると強調されているのだと思います。

また、この月は、春の霊祭を勤める例の月であります。私たちの家々には、それぞれ縁の深い大勢のご先祖の霊様たちがおられ、それぞれ困難な時代の中、家計を支え、子孫のために懸命にご尽力くださいました。お陰様で私たちは現在豊かで便利な生活をさせて頂いております。

改めて、この年祭活動の出発と霊祭の旬に、今一度親神様が私たち人間の陽気ぐらしを見て共に楽しみたいと思し召されてお創りくださった人間であることを思い起こし、今生かされている私たちが、被災地の皆さんから教えて頂いた仲良く助け合って暮らす姿、人と人との「絆」を実行して、親神様・教祖、更には霊様方にご安心頂けるような歩み方をしたいと念じております。そして今こそ成人の旬であります。

話は変わりますが、今月から修養科の一期講師を務めさせていただいております。本日は何とか都合を付けて祭典講話に間に合いました。私は女子のクラスを受け持っておりまます。十八歳から八十一歳までの方三十名のクラスです。ほとんどの方が事情身上を抱えての修養です。本当におたすけの現場です。

教会の皆さんにはご迷惑をおかけしますが、後二カ月よろしくお願いします。

「組織と信仰」　教祖誕生祭

今月十八日は教祖の二百十五回目のお誕生日でした。ご本部でも国内はもとより海外からも大勢の皆さんが参集されて、賑やかにご誕生祭が執り行われました。

さて、今月もこんな姿（修養科一期講師の法被姿）で失礼します。今日は午前中修養科生の別席日で、聴講させて頂きました。午後から鳴り物の授業がありますが、少し時間ができたのでお話だけさせて頂いてまた失礼します。

早いもので修養科一期講師の御用（三カ月）も半分終わりました。三十人の女性のクラスの担任をさせて頂いております。だんだん私も修養科生の皆さんも慣れてきてお互いに打ち解けて話せるようになりました。さまざまな事情や身上を抱えて助けを求めて来られている方がほとんどです。

そして修養科生活の中で少しずつ疑問をぶつけて来られる方が増えてきました。それは指導をする立場にいる人たちへの疑問です。修養科生は修養科という学校と詰所という宿舎の二者間で修養して頂くことになっています。学校は授業だけですので講師の先生方で進め方なり内容を統一することができますが、詰所はそれぞれの所属するところの宿舎（家庭）ですので、それぞれ各詰所によって統一することは難しいと思われます。

どんな時も大勢集まれば、そこにその団体がスムーズにいくようにと組織ができてきますが、授業で教えて頂く信仰の話と学校や詰所での生活の中での決め事を通して仕込まれる内容のズレが、修養科生を混乱させているようです。
そこで私は、生活の中での決め事は大勢の皆さんが集まれば当然必要なことです。しかしそれは信仰とは別物だと言いたいのです。組織は団体生活が円滑に進めるために必要なものですが、信仰は日常生活の中で見せられるさまざまなことを通してどのように悟って喜びという答えを出すのかという所に目的があります。長年の流れの中で、組織を伝えるのにそこに信仰を混ぜるから混乱するのだと思います。理と情。中身と器。理を伝えるために情が必要であり、中身を入れるための器は必要です。団体生活を円滑にするために組織は必要ですが、信仰は一人一人成人の度合いや置かれた環境で異なります。これらをちゃんと分けて考えていないと、諭す方も悟る方も混乱します。

「祭典講話」五月

いよいよ今月の二十七日で修養科の一期講師（三カ月）を終わります。私は十八歳から八十一歳までの総勢三十名の女性をお預かりいたしました。みんな素敵な方ばかりです。志望動機は結婚前の仕上げから、身上事情を助けて頂いたお礼、また所属の会長や身内に進められてなどさまざまです。でも中には大きな身上事情を抱えての修養の方もおられました。

外見ではほとんど分からない「うつ」や「統合失調症」。こうした身上を抱える人に共通して言えることは自責の念が強いということです。何かあると直ぐ自分を責める人たちに「人を責めるのも良くないけれど、自分を責めるのも駄目ですよ。なぜなら自分を卑下することは、この身体をお貸しくださっている神様に文句を言っていることになるからです」と。また「自分に欠けている物ばかり探さないで、今与わっている物もたくさん有りますよ」と声を掛けておりました。そんな彼女たちを救ったのは仲間の泣きながら話す生々しい体験談でした。話を聞きながら一様に「苦しんでいるのは自分だけではないんだ」と勇気をもらって共に頑張ろうと仲間意識が芽生えてきました。

中でも、半年前に「パニック障害」に成り、母親に付き添われてきた娘さんがおられました。自らおぢばでご守護頂きたいと志願した修養科でしたが、中々人混みの中に入れず、修養科に行きたいけれど身体が言う事を聞いてくれず、歩行困難になり、言葉が出なくなり、助けてもらいたいと志願してきた修養科で、ますます悪化していく姿に親子ともどもに苦しんでおられました。お母さんはその気持ちを手紙につづってくださいました。その手紙をクラスの皆の前で読み上げながら親子の苦しみを察するに溢れ出る涙を禁じ得ませんでした。皆さんに迷惑かけるから辞退した方が良いのではと考えておられるそんな親子に、「やめるのは何時でもできます。焦らずに親子でおぢばでの生活をゆっくり楽しんでみてはいかがですか。三カ月修了するまでに一度でもいいから娘さんが自ら教室に顔を出したいと言ってくれる日が来ればクラスの皆も喜びますよ」と声を掛けておりました。一カ月経った頃、奇跡は起こりました、娘さんが自ら修養科に行きたいと言って登校してくれたのです。それからは顔を伏せて車椅子から離れようとしなかった彼女が、級友の励ましに顔を上げて笑顔が出てきて、松葉杖で歩けるようになり、日に日に元気になって会話もできるようになりました。

彼女の元気になっていく姿はクラスだけでなく、他のクラスの皆さんにも感動を与え、大勢の方がおさづけをしてくださったり、励ましの言葉を掛けてくださいました。こうした真実の姿にこの親子は、毎日毎日嬉しくて嬉しくて感謝の涙が止まりませんでした。先日この娘さんは修養科期間中に尊きおさづけの理を拝戴されました。良くなったというもののやはり見知らぬ人混みの中ではパニック障害が出ました。第三御用場で説明の間でしたが、おさづけを取り次がしてもらったら、穏やかな顔になって無事拝戴することができ、周りで添い願いをしてくださった人たちも感激の涙を流して喜んでくださいました。この修養科でこの親子は強くなられました。心一つで助かっていくご守護の姿を親子共々会得されました。気が付けばこの親子のお陰でクラスは一段とまとまり、本当に良いクラスに仕上がりました。

他にも百万人に一人という歩行困難の難病を抱えた人が少しずつご守護を戴いて、修了時「普通に歩けるようになってもう一度修養科に来ます」と言って喜ばせてくださいました。また、がん治療の真っただ中にいる人や家庭問題の渦中におられる方など、いろんなドラマがあり、クラスの人たちの顔を思い浮かべては一人一人のドラマを思い出しております。「事情身上は神様が私たちを成人させてやろうと語りかけてくださっている時なのだから喜んで受けさせてもらいましょう」と声を掛けながら、共に喜べる物事の捉え方を思案させて頂きました。修了時、暗い顔で出会った人たちが見違えるほどの笑顔で旅立ってくれました。

私もこれまでの信仰生活の中で、これほど一度に事情身上を抱えた人と出会うこともありませんでした。この三カ月は私のこれまでの信仰信念を神様から試された期間でもありました。改めてこの教えは間違いないと確信を持てた時期でもあり、教祖百三十年祭の年祭活動の始まりに当たってご発布くださった「諭達」の中に書かれてある一言一言を実行することで乗り越えられた三カ月でありました。本当にこのまたとない旬に成人の機会を与えてくださった親神様・教祖への感謝は勿論のことですが、真柱様をはじめ、修養科で出会った先生方や修養科生の皆さんに心から感謝いたします。ありがとうございました。

代読：増田正一（会長長男）

「心通りの守護」 六月

本日三カ月ぶりに月次祭の祭主を勤めさせて頂きました。本当に修養科の一期講師の体験は、私自身にとっては大変貴重な時間を過ごすことができて喜んでおります。しかし、皆様方には会長として教会のご用の上に欠けることが多く、多大なご迷惑をおかけいたしましたことを深くおわび申し上げます。

修養科というところは、以前勤めておりました専修科（二年制）という学校と比べて、教えを学ぶという点では同じでも、全く異質のものでした。勿論、修養年限の違いや年齢層の違いはありますが、大きく違いを感じたのは、専修科の学生が教理を身に付けることを目的としているのに対して、修養科に来ている人のほとんどが何らかの事情や身上（病気）を抱えておられて、それを助けていただきたいとの思いで来られている方が多いということです。専修科生が将来の指導者を目指しているのに対して、修養科生は今自分自身が助かりたいと願っておられる方の集まりだと感じました。正に修養科はお助けの現場でした。

その中に、三歳児と乳飲み子を抱えて乳がんの手術を終えて修養に来られたご婦人が「手術後は抗がん剤治療をするのが常識だと言われましたが、抗がん剤治療をすればその副作用で身動きが取れなくなると聞きました。生まれたばかりの子供の世話ができなくなります。母として我が子を抱いてやることもできないくらいなら生きていても仕方がない。だから子供のためにも抗がん剤治療はせず、命短くなっても今この子の世話をしたい。先生、私の判断は間違っていますか」と迫られました。私は「あなたが借りている身体をどのように使うかはあなたが決めたらよいと思います。子育てをしたいから治療を受けないと決めたんでしょう。子供のために決めたことならきっと神様が受け取ってくださいますよ。お医者さんが余命を宣告されても、あなたの命の鍵を握っているのは、あなた自身と神様なのですから、神様に凭れていれば大丈夫、心勇んで頑張りましょう！」と答えました。

その日を境に彼女は元気になっていかれました。世間でも「病は気から」と言われます。

「気」すなわち「心」が大切。病に負けない心があれば大丈夫だと思いました。先日修養科を終えて三歳児と乳飲み子を連れ、元気に愛すべき主人と三人の子供さんの待つカナダへ帰国なさいました。本当に心通りのご守護の世界です。

「病の最大の治療法は喜び」七月

修養科一期講師を勤めていた三カ月目の時（五月）に、一カ月目の方で肺がんの末期と診断された主人と奥様の夫婦がおられました。そのご夫婦は四月の月次祭に北海道からお見えになって、まったく天理教のことが分からない状態で修養科に入ってこられました。理の親（信仰を勧めた人）から「医者に見放されたのだから神様に助けてもらう以外に方法はないでしょ。修養科に夫婦で行きなさい」と言われ、素直に受けられました。そのご夫婦と同じ詰所におられる私の知人から天理教の話を分かりやすく話して上げてほしいと頼まれました。話の内容は「人間は皆陽気に暮らせるということ。病気や事情は自由に使える心の使い方を間違えると神様がご注意してくださる、そのご注意の形が病気であったり、事情だということ。だから、病気や事情を治すにはその病気や事情を通して神様がどんな注意をしてくださっているのかを悟ることが最も大事なことであること。そしていくらお医者さんが見放しても、医師が私たちの命を司っているのではなく、命は神様が与えてくださったものだから命の鍵は神様が握っておられること。その神様が人間の生死の判断基準は私たちの心にあると仰せになっていること。更に神様は人間の陽気に暮らす姿をご覧になりたいとの思いで創られた人間だから、私たち人間が喜んで暮らす姿こそが最大の治療方法であること」などなど、思いつくままにお話をさせて頂きました。元々素直な夫婦でありますから、私の言うことを目を輝かせて聞いてくださり、そのまま信じてお通りになりました。とはいえ、やはり病状はもう末期でありますから、普通の人と同じというわけにもいかず、修養科を休みがちになり皆さんに迷惑がかかるから辞退した方が良いのではと弱気になられることもありましたが、その都度お話をさせて頂きました。付き添っておられる奥様が、「主人は先生の話を聞くと元気になってくれるんですよ」と嬉しいことを言ってくださいます。実際に私もご主人の苦しそうな顔は一度も見たことがありません。いつもニコニコして本当に嬉しそうにベッドの上で幸せそうです。ご主人の笑顔を見ているときっと元気になってくださると思いました。先日夫婦揃っておさづけの理（教祖の名代としてお助けができる資格）も拝戴なさって北海道へ帰られました。これからは奥様がご主人におさづけを取り次いで支えていかれることでしょう！　そして夫婦揃って元気な姿でまたおぢばで会えることを楽しみにしております。

「想定外」八月

今年の夏は例年にも増して気温が高く、最高気温は今までの記録を次々と塗り替えています。更に集中豪雨も今までに経験のしたことのないような雨量で、豪雨に見舞われた地域に甚大な被害をもたらしました。熱中症や水害に遭われた方々にとってはすべてが想定外の出来事で自然の力の前になす術もなく、戸惑われたことでしょう。しかし、現地の皆さんは、この想定外の出来事を受け入れて前を向いて歩いていくより方法がなく、懸命に頑張って生きておられます。

たまたま被害に遭わなかった私たちは、被害に遭われた方々の力に少しでもなれるよう、また親神様からお見せ頂く想定外の出来事を通して、親神様が何を仰っているのかをしっかり悟り、この年祭活動の旬に、親神様・教祖にお喜び頂けるような成人の姿を求めて歩んでまいりたいと願っております。

考えてみますと、これほどの大きな出来事には滅多に出会いませんが、私たちの日常生活の中でも想定外のことは頻繁に起こっています。そして、その想定外の出来事に振り回されて喜べない日々を送っているのが現状ではないでしょうか。その喜べない心は、想定外の出来事に納得ができず、何時までも悔やんだり、原因を見つけては責めている自分がいるように思います。責めたところで事態が変わるわけでもないのに……。

今回の被害に遭われた方々は悔やんでいても事態は改善されないことを認めて、いち早く未来に向けて歩き出されたのだと思います。

私たちはこの現地の人々の前向きな姿から学ぶこと大です。私たちはいつも想定外のことが起こると、その原因を探し、想定外の出来事を人や周りのせいにして自分を慰めていることが多いように思います。でも今回のような自然の力の前には認めざるを得ません。この認めるということが大切なことではないかと思ったのです。

人間は認めると前へ進めますが、認められないと前へなかなか進めません。いつまでも悔やんで前へ進めない私たちの日常生活に、神様がいつも見せてくださる結果をしっかり受け止め認めて、次へ進むことの大切さを教えてくださっているように思います。これからもたくさんの想定外の出来事に巡り合うと思いますが、想定外の出来事を認め、受け入れていくことで、自分の中の想定内に収めることができ、新たな一歩を踏み出す世界へ進んでいける力になるのではないでしょうか。

「魂は徳の貯金通帳」九月

今月は秋の霊祭を勤める例の月でございます。私たちの家には、それぞれ縁の深い大勢のご先祖の霊様たちがおられ、困難な時代の中、家系を支え、子孫のために懸命にご尽力くださいました。そのご功績とご丹精に心からお礼申し上げ、私たちもまた、家系の繁栄のために努力をしてまいりたいと存じます。

さて、天理教には独自の「出直し説」があります。私たちの体は神様から陽気ぐらしをするためにお借りして、期限が来たらお返しし、また新しい身体をお借りしてこの世に現れるのだという説であります。この場合の貸主は親神様で、借主は私たち一人一人の魂が借りているのです。この魂の徳に相応しい身体をお借りして自由に使える心でこの世で生活しております。そして「魂は生き通し」と教えられます。私たちそれぞれの魂は、それぞれ前生、前々生から引き継がれてきた魂であります。

これは私の持論ですが、魂は徳の貯金通帳だと考えればすべて納得できると思うのです。私たちは生まれた瞬間から他人とは違うのです。それは自分という魂が前生、前々生から魂の中の徳という貯金を増やしたり、減らしたりしながら今世を迎えているわけで、通帳の中身が違うのだから人と違って当たり前なのだと思うのです。今の姿そのものが自分の前生、前々生から積んできた徳にふさわしい姿なのですから、人の通帳を見て羨ましがっていても自分の通帳の中身は増えません。増やしたければ自分の徳を増やす努力をすることです。魂という通帳に徳を増やす方法は、今の与えを喜ぶことです。ということは、今世、神様からお借りしている身体と自由に使える心をどのように使ったかが来世の自分の姿を決定するわけですから、いい加減な生き方をしていると困るのは来世の自分であることに気が付かなくてはいけません。今世、後何年この世に置いて頂くか分かりませんが、気付いた時が、稼ぎ時です。今お借りしている身体と心をどのように使うかが、この生き通しの魂に徳を付けたり削ったりしているわけです。

更に、この魂に徳を付けたり、削ったりするのは私たち個人だけではなく、人に喜んでもらった理が徳になっていくのだと考えたら、こうして私たちを支えてくださった霊様方にお礼を申し上げることで霊様方の魂に徳をつけさせて頂けるのだと思うのです。今月は事改めて、せめて自分に関わりのあったご先祖の霊様方にだけでも、お礼と感謝を捧げて、恩返しをさせて頂きたいと存じます。

「陽気ぐらし講座」十一月

昨年の二月に教会本部布教部講演部講師の任命を戴き、既に「陽気ぐらし講座」の講演回数は百回を優に超えてしまいました。先日「知人からお宅の会長さんから良い話を聞かせて頂いたとお礼を言われましたが、どんな話をされているのですか」と尋ねられました。考えてみれば、他の教会の方から私のお話の内容を聞かされても、うちの教会の方が知らないというのも何となく寂しい気もしますので、今日は講演でお話をしている内容を簡単にお話をしたいと思います。

まず内容を一言で言えば「人間の幸せの鍵は姿形に有るのではなく、心に有る」ということです。そのことを伝えるために三つの体験談を題材にしています。一つは就職先での厳しい上司との人間関係の中から、反発することをやめて素直に通る中に気づいた「己の心が変われば見える景色は変わらなくとも、己の心に映る景色が変わってくる」というものです。二つ目は初代会長婦人（村上智恵先生、私は親奥様とお呼びしている）と事故に遭った時の話で、親奥様は後ろから追突してきた車の運転手さんに「あなたは命の恩人です。あなたがもう数秒ブレーキを踏むのが遅かったら私たちは出直して（死んで）おりました。よくブレーキを踏んでくださいました。ありがとうございました」とおっしゃいました。私のその時の心はぶつけた運転手さんに対して腹立ちしかありませんでした。同時に同じ車の中で同じ状況にあった親奥様と私の、この心の隔たりはどこから来たのか。それは心の基準の違いにありました。小さな難儀に出会った時に、大きな難儀を想定できれば喜びになり、無難を基準にすれば小さな難儀も不足になってしまう。という心の基準の話。そして最後が妻の出直し（死）を題材に、子育てを通して得た母親の喜び、育てるものにしか味わえない喜びの話をして、いろんな形の中をどのように考えれば喜びにつなげられるのかをお伝えしています。厳しい上司に会うことも事故に遭うことも妻をなくすことも、どれ一つとっても望むことではありませんが、見せられた現実から逃げることはできません。ならばその現実を通して喜びを見付けようと思いました。そして、見えている現実は変わらなくても、それを受け止める心に変えることで、現実を認めることができるようになり、更にはその中に喜びを見つけることができる世界があると確信をしたのです。

「陽気ぐらし講座」では、そんな話をして回っております。

「親の切なる願い」十二月

三年千日と仕切って始まった年祭活動も一年が過ぎようとしています。ただ今も、一昨年の秋季大祭にてご発布頂いた「諭達第三号」を拝読させて頂きながら、改めて現真柱様がいかに私たち用木の成人の鈍さを嘆いておられるかということに心痛めました。内容の一部「おたすけは周囲に心配ることから始まる」などは信仰以前の常識、道徳の話です。また「陽気ぐらしは何よりも親神様の子供である人間が、互いに助け合って暮らす世の有り様である」と述べられた後に「我さえ良くばの風潮の強まりは、人と人との繋がりを一層弱め、家族の絆さえ危うい今日の世相である」と嘆いておられます。また、事情身上を頂いたときにその治まりばかり望んで肝心の心の入れ替え、切り替えをしなくては本当の助かりにはならないと「時として親神様は子供の行く末を案じる上からさまざまな節(事情身上)をもって心の入れ替えを促される」と記され、「どのようなことをするのもすべてはひたすら人間を助けてやりたいとの親神様の親心からである」と記されています。

私たちが信仰する天理教の教えは、身上助かり、事情助かりを求める信仰ではありません。身上・事情を通して心が成人することを目的とした信仰なのです。言い換えれば心助かりを目指した信仰なのです。身上や事情は心通りに現れてきた姿でありますから、心が変わらなければ同じような心に同じような身上・事情を頂くのは必至のことです。

とりわけ今年も皆さん方のお蔭で、何とか一年を無難にお連れ通り頂きましたが、年祭活動の二年目に当たる来年はどんな試練が待っているか知れません。どんな試練を頂いても、そこに深い親心を思案して、喜んで成人の道を歩ませて頂きたいと思います。高いところからではございますが、今年一年教会の上に、また届かぬ私共に多大なるお力添えを頂きましたことにお礼申し上げ、来年もまたよろしくお力添え頂きますようお願いをいたしましてご挨拶に代えさせて頂きます。

立教百七十七年（平成二十六年）

「自分で限界を作るな」春季大祭

元旦祭の後のご挨拶でも申し上げましたが、年末年始にかけてお手入れ（痛風）を頂きました。久しぶりに厳しい痛みを伴う痛風でした。身上・事情を頂いたら、そこに籠る親（神様）の思いを悟ろうと人にも伝え、自分にも言い聞かせていながら、目の前の痛みに「なぜこんな時に」と心曇らせる自分がおりました。でも直ぐに気持ちを切り替えて「こんな時だから頂いた身上なのだ」と言い聞かせ親（神様）の思いを探りました。そして、痛みを感じた時の自分の気持ちを振り返ってみると、「明日の元旦祭の祭主を勤めるのは無理だ」と判断し、私の役割を誰に頼もうかとばかり頭を巡らせておりました。その時に「これだ！」と思いました。歩けない今の姿に甘えている自分。その弱さを指摘されたように思いました。「歩けないのなら這ってでも勤めさせてもらおう」という強さが自分には欠けているということに気付いたのです。そう思ったら元気が出てきました。暮れに元旦祭で参拝してくださる皆さんに温かい物でもと用意をしていた「おでん」の材料があったことを思い出し、夜中に娘と二人で「おでん」を作りました。足の痛みよりも元旦祭にお集まりくださる皆さんのために娘と一緒におでん作りができたことが嬉しかった。そして元旦祭、ヨチヨチ歩きではありましたが、何とか大役を勤めさせて頂きました。皆さんには醜い姿をお見せ致しましたが、私はひとり心の中で感激しておりました。

とはいえ、この痛みはなかなか治まらず、次々と待っている御用（主に講演）に体が思うように動かず皆さんにご迷惑をかけるのではと一抹の不安はありましたが、移動に時間が掛かりましたが、口は達者でしたので、こうして十分とは言えません（まだ正座ができない）が、行事に穴を開けることなく今日を迎えることができたことは嬉しい限りです。

今回のお手入れは「自分で自分の限界を作るな」ということを仕込んで頂いたように思いました。人は状況が悪くなるとついその状況に甘えて、自分を守ろうとし、その状況から逃れようと自分に都合の良いことばかり考えてしまいがちですが、この自分に都合の悪い状況こそが、自分を育てる絶好のチャンスなのだと思いました。

本当にこの教えは、身上助かり、事情助かりの信仰でなく、身上・事情を通して心助かりの信仰なのだと確信いたしました。

「ラジオ放送」二月

私は時々天理教道友社から頼まれて、ラジオ放送「天理教の時間」の原稿を書いています。今日はその一文を紹介いたします。

「幸せの鍵を握る心の世界」（平成二十五年六月二十二日放送分）

世の中には見える現実の世界と、見えない心の世界があります。見える現実の世界の範囲はたかが知れています。いくら視力が良いからと言っても、いったん部屋の中に入ってしまえば、もう外の景色どころか家族の様子すら分からないのが現実です。それに引き換え、見えない心の世界は目を閉じれば、遠く離れた故郷が見え、既にこの世にいない父や母の姿さえ浮かんでくるのです。見える現実の世界には限界がありますが、見えない心の世界には限界がありません。

私にはもう父も母もいません。父母は私が三歳の時に別居。母は私と姉を連れて奈良の地で生活するようになりました。そして父は私が七歳の時に鹿児島の片田舎で一人寂しく亡くなりました。その後母は女手一つで二人の子供を育てて六十八歳で亡くなりました。

母の人生は壮絶でした。実家は貧しく、幼い頃から家の手伝いをさせられていたようです。でも文句ひとつ言わずに良く働く娘であったようで、そんな母に目を付けたのが村で一、二の財産家と言われていた増田家の奥様（父の母）でした。貧しかった母の家はこの縁談を玉の輿に乗れたと大喜びで母を増田家に嫁にやったに違いありません。父はといえば、気ままで母と結婚するまでに、既に四人の人と結婚しては離婚を繰り返しておりました。母と結婚したとき父と母の年齢差は二十歳ありました。結婚した当初は優しく良い主人だったのですが、年を重ねるごとに年の差からくる母への嫉妬が、暴力に発展していきました。家が裕福であることを良いことに毎日酒に溺れ、母への暴力がエスカレートしていきました。母は身の危険を感じて再三離婚を申し出ますが、聞き入れてもらえず、やむなく私たち二人の子供を連れて当てもなく夜逃げ（蒸発）したのです。そして行き着いた先が奈良の地でした。

それからの母は私たち子供を育てるために必死で働いてくれました。私は小学校の頃からそんな母を見て、自分が大きくなったら母を楽にしてあげたいと願っていました。母と姉との三人の生活は決して裕福ではありませんでしたが、母の優しさに包まれて幸せな日々を送っておりました。母の生き方は、形の上では鹿児島での裕福な暮らしの方が人目に幸せに映ったかもしれません。そして奈良での貧乏生活が人目には不幸に映っていたかもしれません。でも私は母の姿をタダの一度も気の毒に思ったこともなければ、自分を不幸だとも思ったことはありませんでした。それは貧しくてもそこに母と姉の笑顔があったからです。私は物心ついたときから貧しい生活でしたが、ついぞ母から愚痴らしき言葉を聞くことがありませんでした。むしろ母を思い出すとき、喜びの言葉ばかりが思い出されます。それは母が、形の裕福さよりも心の安らぎに価値を見出したからだと思います。そしてその安らぎを手に入れたからだと思います。

良く考えてみると、この見える現実の世界を、よろこんだり、悲しんだりしている感情というものは、見えない心の世界が支配していることに気が付きます。どんなに周りの人から羨ましがられるような良い暮らしをしていても、本人が、その恵まれた環境に満足していなければ、幸せとは言えませんし、逆に人からどんなに気の毒にと思われるような生き方をしていても、本人が満足して喜んで暮らしていればその人は幸せなのだと思います。いくら万人が認めるような幸せの条件が整っていても、また人から見て気の毒に思われるような質素な暮らしをしていても、それを喜ぶかどうかは、周りの人が決めるのではなく、その中で生きている本人の心が決めることなのです。

母は父との生活の中でその喜びを得ることはできませんでしたが、父と離れて苦しい生活の中で喜びを知れたのは父との恐怖の体験があったからです。晩年の母は口癖のように「主人のお陰で心の幸せに気づけた」と父への感謝の言葉を私に聞かせてくれました。

同じ環境や人々の中で生きている人の中に、その環境や人々に感謝し喜んでいる人もいれば、詰まらないと嘆いている人もいます。同じ条件の中で暮らしている人々の中に、何故このように喜んでいる人と悲しんでいる人に分かれるのでしょう。それは「喜び」や「悲しみ」といった感情は心で感じ、その心は一人一人違うからです。見えている出来事や形は誰が見ても同じですが、その出来事や形を見てどう感じるかは人によって違うのです。これらのことからも人間の喜び、悲しみの原因が自分を取り巻く環境や人々にあるとは思えません。それらを受け入れる銘々の心に原因があることは明白です。しかし現実の私たちの日常の生活はどうでしょう。いつも見えた世界に心奪われて、他人の出世を羨んだり、他人の幸せそうな姿を見ては、自分と比較し、卑下し、自らを不幸者にしたがってはいませんか。考えてみれば、自分にだって万人からとは言えなくても人から羨ましがられるような部分も多少はあります。でも私たちは、自分の持っている素晴らしい部分は当たり前に思って喜べず、自分に足らない部分ばかりに目を向けて悲しんでいる人は案外多いように思います。「幸せ」という言葉に焦点を絞れば、やはり喜んでいる人は幸せで、詰まらないと嘆いている人は不幸せだと思います。要は、その世界に満足するかしないかの鍵は、それぞれの心にあるのだと言いたいのです。

「声は肥」三月

今月は祭文の中でも述べましたが、春の霊祭を勤めてご先祖の皆様に改めて日頃お見守りくださる御礼と生前のご霊徳を讃えてお慰め申し上げる月であります。

いつも春秋の霊祭の折に聞かされる話の中で「ご先祖の皆様が一番お喜びくださることは今世生きているお互いが仲良く暮らすということです」という内容の話があります。周りの人たちと仲良く暮らすということは、相手が喜んでくれるのなら自分の思いを少し抑え、相手のために我慢して通ることだと思います。

相手を喜ばせる道具の一つに言葉があります。先日ある人から「最近人前で話すことが多くなってきました。話すのは苦にならないのですが、二、三日前から声が出にくくなってきてちょっと困っています。周りの人に相談すると『声は肥』というから声の出し方を工夫してみたらどうだろうと言ってくれますが、いまいちピンと来ないので先生分かりやすく説明してください」と相談を受けました。私もよく聞く言葉ですが、読んで字のごとくなので、今までこの言葉の説明をしたことがありませんでした。まず字ズラで考えてみました。最初のこえは「声」。後に出てくるこえは「肥」です。ここでの「声」は言葉のことでしょう。そして「肥」は肥料のことです。肥料は育てている農作物が十分実るようにとの思いで与えるものです。自分の口から発した言葉が周りの人を喜ばせているのだろうか、周りの人たちの喜びの肥やしになっているのだろうかと考えてみてはどうかと思い、その方に自分の思案を伝えました。その方は思い当たる所があったのか「ありがとうございました」と言ってお帰りになりました。

教祖の口伝に「人間の身体はすべて陽気ぐらしができるように造られています。使い方を間違えないようにすること肝心です。例えば顔の中の目耳鼻口の使い方は、見て聞いて嗅いで喜び、口は人の喜ぶことを言っていれば良いのです」と言った意味のものがあります。考えてみますと、目耳鼻は皆受け身なのに対して口だけが唯一外に向かって自分の思いを発することができる道具です。目耳鼻で人に不足をさせることはめったにありませんが、言葉で不足させることは多々あるように思います。

『声は肥』自分の口から発する言葉が、相手の心を曇らせたり腐らせたりしていたのでは到底仲良く暮らすことなどできません。果たして自分の言葉が人の喜びの肥やしになっているだろうかと説明をしながら自らの言葉に反省ひとしきり。

「布教」教祖誕生祭

今月十八日は教祖中山みき様の二百十六回目のお誕生日でした。教祖のお誕生をお祝いするとともに、この年祭活動の旬により一層教祖にお喜びいただけるような歩み方をさせて頂きたいと存じます。

さて、私たち信仰者に求められる姿の一つに「にをいがけ・おたすけのできる用木」というのがあります。「にをいがけ」とは布教のことです。「おたすけ」とは人に助かってもらいたいという姿勢です。信仰者の成人とは、助かりたい信仰から助かってもらいたい信仰になっていくことだと教えられます。助かってもらいたいという信仰の行動が「おたすけ」の姿だと思います。そしてこの素晴らしい信仰をまだ知らない人に伝えることが「にをいがけ」いわゆる「布教」です。

先日ある方から布教のコツを教えて欲しいと言われました。あまり布教活動（主に戸別訪問）経験のない私は躊躇しましたが、布教の形にはいろいろあっても良いのではないか、今の自分の講演活動（特に「陽気ぐらし講座」は未信者の方を対象）も立派な布教活動なのだと開き直り、最近特に講演が楽しいと感じている自分の心を振り返ってみました。それは一人でも多くの人に、私自身が信仰のお陰でいろんな節を乗り越え、また万人が自由に使える心ひとつで、明るく悟れる世界があることを伝えたいと思っていることに気付きました。布教師は、少し飛躍しすぎかもしれませんが、信仰の喜びを伝えるセールスマンだと思います。

セールスマンが自分の売り歩く商品に自信がなければ売れません。布教師も同じことです。自分自身が信仰の喜びを体感してこそ伝わるものだと思うのです。誤解しないでください。信仰の喜びを体感したことのない人に布教に出てはいけないと言っているのではなく、むしろ信仰の喜びに気付く努力をしてその気付きを人に伝えることが肝心なことだと言いたいのです。奇跡や不思議なことの体験がなければ伝えられない信仰ではありません。日常生活の中で「当たり前」と思っていることが、実は「有り難い」ことなのだと感じて、自由に使える心ひとつで今を喜べる世界があることを伝えることだと思うのです。

売り歩く商品（信仰の喜び）の価値も分からないセールスマン（布教師）にならず、布教に出掛ける際は、せめて売り歩く商品（心ひとつで喜べる世界）に自信を持って出掛けられるセールスマン（布教師）でありたいと思うと答えました。

「二代会長 村上忠雄先生」五月

既にご承知のことでありますが、今月六日に二代会長村上忠雄先生が肝不全のためお出直しになられました。享年七十六歳。村上忠雄先生からは今日までに沢山のお仕込みを頂き、それらのお言葉が現在の私の信仰の基盤になっております。中でも心に残っている話が「陽気ぐらしの公式」という話です。それは「日々の暮らしの中で親神様から事情身上という応用問題が出され、その問題を銘々の悟りという計算式を立てて喜びという答えを出すのです。喜びという答えを出すヒントが教祖のひながたにあります」というものです。以来どんなに辛いことや苦しいことがあっても「答えは喜び」と頑張ってこられました。そして喜びという答えを出すヒントも日常生活の中で教えて頂きました。そのいくつかを思い出すままに紹介します。

「自分の周りの人は皆神様からの手紙を届けてくれる人だと思ってみよう。そう考えると、たとえ嫌なことを言ってきた人でも恨まなくて済む。目の前の人が言ったと思うから腹が立つのだ。目の前の人の口を通して神様が語り掛けて（忠告）くだっているのだと思えば腹を立てなくて済む。むしろ感謝したいぐらいだ」

「自分を理解してもらいたいというのは高慢だ。同じ屋根の下で暮らす親が今何を考えているのかも分からないのに、ましてや他人に理解してもらおうなんて考えるのは高慢だ」

「神様が私たちのおつとめをする姿を喜ばれるのは、その時間は神様のことを考えてくれていると思えるからだ。ある日海外に住む息子から手紙が届いた時、この手紙を書いている時息子は自分のことを考えてくれているのだと思うと嬉しくなった」

「胃が悪いという子に、良い（いい）が悪いということかも知れない。自分にとって都合の良いことでも相手にとって都合が悪いこともあるのかもしれない」

「本音と建前という言葉があるが、皆本音で生きていたいと思うだろう。でも本音は自分にとって都合の良いことを考え、建前は相手にとって都合の良いことを考える。本音は心（胸）で、建前は頭で考える。位置関係で言えば、頭（建前）を胸（本音）に合わせた生き方は人前で顔が上げられなくなり、胸（本音）本音を頭（建前）に合わせる生き方は人前を胸を張って堂々と歩けるのだ」と。

私はたくさんのことを村上忠雄先生から学びました。この学んだ教えをより多くの人に伝えていくことが一番の供養だと思っております。ご冥福をお祈りいたします。

「謝罪は最大の攻撃」六月

どういう訳か、先日少年会本部から発行の「さんさい」誌の原稿依頼を受けました。タイトルは「誰かに教えたくなる とっておきの話」というものです。そこで母の話を書きました。

母は鹿児島で生まれ、二十五歳で結婚。増田家はかなり裕福な家庭だったそうですが、夫婦仲が悪く母は三十八歳の時に三歳の私と八歳の姉を連れて家を出て天理で住むようになりました。それからの母の女手一つで二人の子育ては筆舌に尽くしがたいものがあったであろうことはと容易に想像が付きます。しかし、生活面の苦労より精神面の安らぎが勝っていたのか、私の記憶に母の険しい顔や不足の言葉はありません。幼かった私でもこんな母の姿を目の当たりにして、この親を泣かすようなことはできないと思っていました。が、中学生になった私にも反抗期の時期が訪れ、注意をしてくれる母に一度だけ「うるさい！」と怒鳴ってしまったことがありました。母は目に涙を浮かべて「ごめんね…」と謝ったのです。非のない母の「ごめん」の一言は私の心に衝撃を与えました。

それから二十年、母も出直し、私は専修科の専任講師としてお使い頂くことになりました。そんな折、遅刻常習の学生と出会いました。ある日の夕方彼の部屋に行って説諭していると、彼は急に立ち上がって「説教は学校だけにしてくれ！ こんなところまで来て！」と罵倒したのです。私は情けなくなってその場に土下座して「気を悪くさせてすまなかった」と頭を下げました。すると彼は慌てて座り込み、私の手を掴みながら「分かりましたから頭を上げてください」と目に涙を浮かべていました。驚きました。この日を境に彼は遅刻をしなくなりました。この時母の「ごめん」と謝罪する姿が目に浮かびました。そして母の「ごめん」の深さに改めて脱帽しました。あの時母は私に謝ったのではなかった。自分の力の無さを神様におわびしたのだ。私は、自分が生徒に頭を下げて初めて気づいた自分の誠意のなさ、母の大きな優しい親心。

世間では「攻撃は最大の防御」と言います。確かにそれも間違いではありませんが、それに加えて「謝罪は最大の攻撃」と言いたいのです。謝罪するには大きな力がいります。人を許せる大きな心、人を受け入れる広い心が必要です。知識や力で相手を負かすより、人を許せる低く広い優しい心を持ちたいと改めて思う今日この頃です。

「出直しはスタート」七月

ご承知のことですが、先月二十四日に前真柱様がお出直しになられ、二十七日に霊祭、翌月の六日に告別式でしたが、残念なことに私は両日とも講演が入っていたので参列できませんでした。本部から講演会場には既に大勢の方が待っておられると思うのでそちらを優先するようにとのこと。気持ちを取り直して、きっと前真柱様も神様のお話に出掛けるのだからお許しくださるだろうと勇んで講演に行かせて頂きました。

最近講演の後に、感想やら質問をしてくださることが多くなりました。中でも私の話の最後に妻の「出直し（死）」の話をしているせいか、身内の「出直し（死）」についての内容が多く見受けられます。

以前、天理高校で話した時に聞いてくれていた生徒さんの中で、叔父を医療ミスで亡くし、ずっとその病院と医者を恨んでいた生徒さんから、私の「人間は皆神様からこの身体を借りて生きています。借りている物なら期限が付いています。いつか返さなければなりません。妻の死は突然でしばし呆然自失の体でしたが、ふと、この『かしもの・かりもの』の教理を思い出し、この日が妻の身体の返却の日だったのだ。私も妻もその日を知らなかっただけの話なのだと思ったら悲しみが和らぎました」という話を聞いて、その学生さんは「先生の話を聞いて、どんな理由であれ、あの日が叔父の身体をお返しする日だったのだ。以前から決まっていたのだと思ったら恨みが薄らいでいきました。ありがとうございました」とお礼を言ってくれました。また、あるご婦人は主人を二年前に亡くし何もする気力を失っていた時に、私の「妻は即死でした。お礼の言葉も謝罪の言葉もかけて上げることができませんでした。でも天理教では『魂は生き通し』と教えられます。妻は出直して姿かたちはなくなりましたが、妻の魂は今も親神様の懐に抱かれて必ずあります。生前の妻に何もしてあげられなかった私にも、その魂に徳を積んで上げることができることに気が付き嬉しくなりました。妻の魂に徳を積むには生前の妻に感謝し喜んで上げることです。感謝し喜ばれた理が妻の魂に徳として積まれ、『魂の徳に相応しい身体を借りてこの世に生まれて来る』と教えられます。妻の魂に少しでもたくさんの徳を積んで上げれば来世生まれて来る時、きっと今世より丈夫な体を借りて生まれてくることができると思ったら嬉しくなりました」という話を聞いて「主人に、まだしてあげることがあることを知り、生きる勇気がわきました」と言ってくださいました。

「有り難い」 八月

親友の「痛風」がまたやってきました。いつものことながら、突然にやってきます。今回は十五日の午後からやってきて、本日月次祭の朝退散してくれました。「痛風」の悟りは「贅沢病」（心の贅沢）に始まり、「運び」（心の運び）、「満足不足」（心が高い）、「予算オーバー足が出る」（お金の使い方）、「段取りをつける」（先案じ）と、多くの思案を重ねてきました。珍しく十六日から二十一日まであまり忙しくなかったので、その間にまた神様と「問答」を重ね、神様との折り合いが付けば治まるだろうと考えておりましたら、十九日に歌の録音を頼まれました。現場まで行くのに一苦労ですが、歌を歌うだけなら足を使うこともないので大丈夫だろうと気楽に構えておりました。録音が始まったら「気取らなくて良い」「いつも通り歌え」「格好付けるな」と指導が入ります。途中自分の歌声を聞かせてもらうと、確かにいつもより気取った歌い方をしています。その時に「今回の痛風はこれだ！」と思いました。知らず知らずに良い格好している自分がいることに気付きました。

最近忙しさにかまけて人に褒められて有頂天になっている自分に気付いたのです。録音を済ませ帰宅、徐々に痛みが和らいでいきました。本当に心通りのご守護だと感心しました。ありがたい。歌といえば、最近、講演の最後に歌を歌っています。講演の最後は妻を亡くした話で『妻がいる間は「当たり前」と思っていましたが、亡くして初めて妻の存在が有り難かったことに気付きました。「有り難い」とは有る事が難しいと書きます。生きている内にその事に気付けたら、生前の妻に「有り難う」と感謝の言葉を掛けて上げられたのにと思うと残念です。しかも「当たり前」いう気持ちに喜びはなく「有り難い」という気持ちに喜びがわいてくるのです。今、日本はとっても豊かです。物があって当たり前と感じていることが多いのではないでしょうか。人も同じです。親が、夫が、妻が、兄弟が、友達がいて当たり前ではないのです。見える、聞こえる、話せることも当たり前ではないのです。想像力を働かして、「もし見えなかったら、もし聞こえなかったら、もし話せなかったら」と思ったら、今見える聞こえる話せることが有り難く思えてくるでしょ。「有り難い」という気持ちを増やせば、そこに漏れなく喜びという感情が付いてきますから、きっと今よりも幸せな暮らしになれると思います。お話の最後に「ありがとう感謝」という素敵な歌がありますので、それをプレゼントをして終わりたいと思います。お聞きください。』という流れで歌を歌っています。

「続いてこそ道」九月

今月は十六日から十九日まで北海道で講演でした。その中で小学校や複数の中学校で道徳講演という形でお話をさせて頂きました。驚いたのは四十分ほどの話でしたが、涙しながら聞いてくれる生徒がいたことです。また、講演の後に生徒代表がお礼の言葉を言ってくれました。「先生のお話の中で一番心に残ったのは『喜びは悲しみを知らない人には本当の喜びは味わえないのだ』という言葉です」ちゃんと聞いてくれていたのだと感心しました。後日、講演先の校長先生から「生徒が身動きせずに話を聞き入る姿に今回先生に来ていただいて本当に良かったと思いました。私自身も振り返りの時間を頂くことができました。妻も教員をしていますが、自分は妻よりも疲れているなどと立場の上から身勝手な重みを付けていたことを恥ずかしく思います。過去を消すことはできませんが、今後は妻を思いやり充実した夫婦生活を築いていきたいと思います」とお礼の手紙が届きました。本当に子供たちの心は純粋できれいだなと思うと同時に、この「天理」の教えは間違いない、信仰者だけでなく万人に通じる話だと確信をした次第です。

今月は秋の霊祭を勤める例の月でございます。私たちは先祖のお陰でこの道に繋がり、現在の結構な暮らしをさせて頂いております。私は今回北海道の学校でお話をさせて頂いて改めて思いました。今この時代にこの素晴らしい「天理」の教えを子供や孫に伝えさせて頂くことが私たち先を歩く者の勤めだと。そしてその姿こそがご先祖の皆様に一番お喜び頂ける姿なのだと感じました。

当教会に繋がる私たちも、自分の子供や孫にこの教えを伝えることが現在結構に暮らさせて頂いている私たちの最大のご先祖への恩返しだと思います。

時あたかも教祖百三十年祭前の年祭活動の旬。成人の旬であります。この旬に来年の五月十日(日)に教会の創立六十周年記念行事を真柱様・奥様・大亮様にお入込頂いて開催することとなっております。この機会を子供や孫にこの道を伝えるきっかけになればと考えておりましたが、北海道の子供たちを見て、大人がいろいろと成果を求めて立派なことを計画する前に皆に集まってもらえる教会にしたいという思いが強くなりました。難しいことを考えず来てくれた人に喜んでもらえるような楽しい記念祭にしたいと思いました。これから楽しい催し物を沢山計画したいと思っていますので、皆さん方にはご自分の子供さんや孫さんに今から五月十日を開けておいてくださるようにお声掛けして頂きたいと思います。よろしくお願いします。

「心の入れ替え」十一月

一昨年の秋季大祭にご発布くださった「諭達第三号」、毎日朝夕のおつとめの後に拝読させて頂いておりますが、拝読させて頂けば頂くほど無駄のない的を射た文だと感じます。そして読んでいく内にいろいろと気付く点が変わっていくことも不思議です。最初の頃は「我さえ良くばの風潮の強まりが人と人の繋がりを一層弱め、家族の絆さえ危うい今日の世相である」とか「おたすけは周囲に心を配る事から始まる」など。人と人とのコミュニケーションができていないことや、道徳ともいうべき「周囲に心を配る」などという言葉に情けないなあと感じていました。こんなことを真柱様に言わせている私たちようぼくは、信仰者である前に人としてこんな初歩的なことすらできていないということなのだと拝読する度に反省しておりました。

最近は専ら「時として親神様は子供の行く末を案じる上から様々な節を以て心の入れ替

えを促される。しかし（中略）すべてはひたすら人間を助けてやりたいとの親心からであると仰せになっている」また「身上事情に苦しむ人、悩む人が有れば、まずはその治まりを願い、進んで声を掛け助けの手を差し伸べよう。（中略）病む人には真実込めておさづけを取り次ぎ、悩める人の胸の内に耳を傾け、寄り添うとともに親の声を伝え、心の向きが変わるようにと導く」という文章に心引かれております。それは、信仰者として身上事情を通して心の入れ替えをするというのは当たり前のことですが、案外、代を重ねた信仰者でも口で説きながら、実際には自身が身上事情を頂いたら、身上が治ること、事情が治まることばかり考えて、ややもすると身上事情が治まったら大喜びをしてそれでおしまいにしている人が多いように思うからです。身上事情を通して「陽気ぐらし」のできる心に切り替える、入れ替える作業が最も肝心なことではないのでしょうか。身上事情は「陽気ぐらし」にふさわしくない心を使って居る私たちへの親心からの忠告でありお知らせであるのに、おさづけで身上を治していただき、おつとめで事情を治めて頂き、それで心の入れ替えをしないということはまた同じような身上事情を頂くことになることは必至であります。

こんな分かり切ったことができていない人が多すぎるように思えてならないのです。身上事情になるような心、これは一人一人の癖性分ですから直すには並大抵なことではできないことは皆承知しているところです。分かっているけど努力しないのは分かっていないのと同じです。身上事情の原因である心の入れ替え、切り替えこそが親神様・教祖が一番望まれていることではないでしょうか。
折角心の成人のために頂いた身上事情ならそれを活かす努力をいたしましょう。

「天理の話」十二月
真柱様は、今年の六月祭典終了後、幹部の人たちに「年祭活動の後半は、心定めの完遂の年にして欲しい」と仰せくださいました。その時の私の心定めは意気込みだけでいまだ見つからず。そんな折、世界的に著名なアメリカの教育者ディマティーニという方の文章に出会いました。そこには「人間は最高価値観を見つければ、どんなに苦しいことでも乗り越えられる。むしろ厳しい状況の中にこそ自分自身の目的を達成するための鍵がある」と言った意味のことが書かれてありました。
私は現在、本部講演部講師として全国を回らせて頂き、「幸せの鍵は姿形にあるのではなく一人一人の心の中にある」といった意味の話をさせて頂いています。この教育者の書かれている「逆境をプラスに」という内容が、私が講演の中で話す「相対の世界」の話と似ていると感じ共感を覚えました。彼は「磁石はプラスとマイナスがあるから磁石。プラスだけマイナスだけでは磁石の働きはできない。プラスとマイナスはセットなのだ。物事には必ず明るいと暗い、暖かいと冷たいといった相反するものがセットで存在する。どちらか片方だけで存在することはない。あまり好まれない暗いや冷たいを捨てると、自分の求めている明るいや暖かいも失うことになる」と説いた上で「自分の最高価値観（生きる目的）を見つけた人は、このマイナスと思われるような出来事を克服することが、目的達成のために必要な力になるのだからとマイナスを受け入れることができるようになる」と述べておられた。

私も講演の中で「神は絶対の世界にあって、人間は相対の世界に生きていると言われています。相対の世界とは相反するものを二つ揃えないと、物事が認識できないという世界のことです。明るいことを知るためには暗いということを知っていることが条件なのです。人間は明るいだけでは明るいが認識できない。ならば我々万人が求めている喜びは、悲しみを知らない人には味わえないということになります。今悲しみの中にいる人、その悲しみはやがて訪れるであろう喜びを味わうために必要なことなのです。頑張って苦しみを乗り越えたその先には、きっと喜びが見えてきます。頑張ろう」といったような話をしております。私は教育者ではありません。宗教家です。私が話している内容は「天理（天然自然）の話です。この「天理の話」と同じ意味のことを学問を究めた世界的に著名な教育者が話しておられることに喜びを感じると共に、「天理の教え」は間違いないのだと改めて確信を持ちました。

そこで今回、私はこのこと（天理の教えを伝える）を貫くことを心定めとします。

末尾ですが、本年も大変お世話になりました。来年もどうぞよろしくお願い致します。

著者略歴

ますだ　まさよし (増田正義)

昭和 27 年 1 月　鹿児島県生まれ。
昭和 31 年以降　奈良県天理にて育つ。
昭和 51 年より平成 19 年まで、天理教教会本部に勤務 (少年会本部、天理教校専修科、教化育成部三日講習課)。
現在：　天理教典日分教会　三代会長
住所：　〒 632-0017　奈良県天理市田部町 554
著書：　「ほっ」「こころ」「まこと」「納得の日めくり」「ことば」(以上　善本社刊)

さとり　人間は悟りでしか救からない

平成二十七年五月十日　初版発行
平成二十九年十月二十六日　三刷発行

著　者　ますだ　まさよし
発行者　手塚　容子
印刷所　善本社　製作部

〒一〇一－〇〇一五　東京都千代田区神田神保町
二－十四－一〇三
発行所　株式会社　善　本　社
ＴＥＬ　〇三－五二一三－四八三七
ＦＡＸ　〇三－五二一三－四八三八

ISBN978-4-7939-0471-4 C0014